天皇交代

平成皇室8つの秘話

明石元紹　天皇学友
岩井克己　朝日新聞特別嘱託
佐藤正宏　前侍従次長
檀ふみ　女優
白石都志雄　梓室内管弦楽団
江森敬治　毎日新聞編集委員
近重幸哉　女性自身記者
橋本隆　ジャーナリスト

講談社

 平成30年に発表された天皇皇后の肖像画（洋画家・野田弘志氏作）

天皇誕生日・宴会の儀で皇族、総理大臣らから祝賀を受ける（平成29年）

安倍晋三総理大臣はじめ、国務大臣らとの午餐（平成29年12月）

須崎御用邸で静養中、近くの海岸を散策する皇太子一家（平成30年8月）

◀イギリス留学に出発する22歳の佳子内親王（平成29年9月、羽田空港）
▼赤坂御用地内を散策する秋篠宮一家（平成29年11月）

衆参両院議長らから結婚25年の祝賀を受ける皇太子夫妻(平成30年6月)

平成29年の天皇誕生日に公開された、御所内を散策する天皇皇后の写真

IIIページ上=共同通信社、同左下=日本雑誌協会、ほかは宮内庁提供

天皇交代　平成皇室8つの秘話

目次

天皇交代　平成皇室8つの秘話

装幀　岡 孝治

カバー写真　宮内庁提供

侍従としての仕事

その喜びと「感動の瞬間」

佐藤正宏（前侍従次長）

一七年にわたって侍従、侍従次長を務めさせていただき、いまは感謝の気持ちでいっぱいです。当直、祭祀などのほか、馴れない仕事が多くはじめは戸惑うことも多々ありましたし、常に緊張している必要がある大変な仕事ではありますけれども、徐々に両陛下のなさりようがわかってきて、仕事にやりがいと、喜びを感じられるようになりました。

両陛下のお供をして各地を回り、そこで接する人たちの嬉しそうな反応を見ることも、私にとって大きな喜びの一つでした。

とくに私が侍従を務めさせていただいた平成七年から二四年までの間は、両陛下がもっとも活発に活動され、これまでの積み重ねが花開き、結実した時期にあたります。とてもいいときにお仕えでき、素晴らしい仕事をさせていただいたと思います。私は本当に恵まれていました。

青天の霹靂

私は、東京大学経済学部を卒業したあと、東京銀行（現・三菱ＵＦＪ銀行）に三〇年ほど勤め、平成四年から七年までベルギーのブリュッセル支店長を務めていました。

その任期の終わりごろ、本社の人事部から連絡があり、一週間ほど休暇をとって一時帰国せよというのです。

すでに五〇歳を超えていましたから、これは再就職の話だろうなと推測はつきましたが、そのためにわざわざブリュッセルから呼び戻すというのは異例です。何ごとだろうといぶかしく思いながら帰国しました。

東京に戻り、人事部に行くと副頭取が待ち受けていました。

「佐藤君、次の就職先として、宮内庁で天皇陛下の侍従という仕事があるのだけれど、どうだろう」

まさに青天の霹靂《へきれき》、夢にも思っていなかった話でした。

私は華族とかそうした家系でもありませんし、それまで皇室とは特にご縁もなく、皇室に対する関心も平均的な日本のサラリーマンとまったく変わりありません。

「侍従の仕事ってどういう仕事ですか」

「いやあ、よくわからないけれども、とにかく大変名誉なお話なので、よく考えて二、三日のうちに返事するように」

というやり取りがあったことを覚えています。副頭取からは「相談するとしても家族くらいのものだ」と念を押されました。

さっそく父親に「こういう話があるのだけれども」と話をしたら、

「大変良いお話じゃないか。ぜひお受けしなさい」

と背中を押されました。

意外なことに妻も、「それは素敵な仕事じゃないの」という反応でしたので、清水の舞台から飛び降りるような気持ちでお受けしようと決断したのです。とはいえ、それまでやっていた銀行員とはまったく違って、プロトコル（儀礼）が中心の仕事ですし、しかも天皇陛下にお仕えするわけですから、私に務まるだろうかということが率直に心配でした。

ブリュッセルでの失態

皇室との接点がまったくなかったと申しましたが、強《し》いていえば通産省に勤務していた父が外務省に出向し、パリの大使館に在勤していた昭和二八年（一九五三年）、当時一九歳の皇太子殿下（現在の天皇陛下）にお目にかかったことがあります。殿下は、昭和天皇のご名代としてエリザベス女王の戴冠式のため イギリスを訪問された帰途にヨーロッパ各地を回られ、パリの日本大使館に立ち寄られました。

私はそのとき一二歳で、現地フランスの学校に通っていました。何人かいた日本人の子どもに交じって大使館で殿下にお目にかかり、ご挨拶いたしました。皇室の何たるかさえよくわかっておらず、ともかく日本の偉い方だというので、大変緊張してお迎えし、お辞儀したことを覚えています。

それから六〇年後の平成二四年(二〇一二年)、エリザベス女王ご即位六〇周年の記念式典に侍従次長として陛下にお供することになるわけですが、それも不思議なご縁と言えるのかもしれません。

侍従になる前に、お目にかかる機会がもう一度だけ、ありました。平成五年、私が東京銀行のブリュッセル支店長をしていたときに両陛下が国賓としてベルギーを訪問され、ベルギー日本人会の会長を務めていた私が、両陛下をご案内することになったのです。

実はこのとき私はちょっとした失態をしています。ブリュッセルの王宮で晩餐会があり、その場で、両陛下にご挨拶をさせていただきました。私はせっかちなものですから、「日本人会会長の佐藤です」とお話しして、その場を離れてしまった。ところが後ろを振り向くと同行していた妻がついてこない。あとで聞いたら、

「ベルギーの在留邦人の数はどのくらいか」

と陛下からご質問を受けていたというのです。

陛下は本来、私に聞こうとされていたのだと思うのですが、非常にゆっくりと丁寧に話をされる方ですから、せっかちな私はそれに気づかずに、さっさと立ち去ってしまった。それで仕方がなくて、私の後ろにいた妻に質問されたということなのです。

その翌日、両陛下をご案内したときにも、陛下から「ベルギーにいる日本人は何人くらいですか」というお尋ねがありました。「五〇〇〇人くらいです」とお答えしたのですが、「五〇〇〇人というのは、このあたりでは一番多いのですか」と重ねてご質問があった。「いいえ、隣のオランダのほうが多うございます」とお答えしたところ、「それではオランダが一番多いのですか」とさらにご質問があり、「いいえ、イギリスのほうが多いと思います」と、泥縄式にお答えすることになって、冷や汗をかきました。

陛下は常に正確を期されるので、漠然とした答えでは満足されない。ベルギーにい

る日本人の数はヨーロッパで何番目くらいで、一番多いのはどの国か、きちんと承知されたいということなのです。

侍従としての初日

はじめて御所に出勤したのは平成七年の四月一日です。まず両陛下に拝謁《はいえつ》し、非常に緊張しながら、「よろしくお願い申し上げます」とご挨拶いたしました。

その日から、侍従としての生活が始まりました。

侍従というと、四六時中御所内に住み込んでいるように思われるかもしれませんが、実際にはみな自宅から毎朝通勤しています。

私は地下鉄の半蔵門駅で降り、皇居西端の半蔵門でパスを見せて、御所内に入っていました。服装はふつうのスーツです。出勤は朝九時、特に仕事が溜《た》まっていなければ五時半から六時ごろには退勤します。

侍従は七人おり、その他に侍従長と侍従次長がいます。中央省庁の出身者が多く、私が入ったときは総務省、外務省、文部省（現・文部科学省）から出向中の侍従がいました。

なかには私のように民間出身者もいます。日本興業銀行出身の人もいましたし、東京海上火災保険から来た人もいました。私が入ったときは東京銀行の先輩が二人侍従として勤めていて、私にとって心強い存在でした。ちなみにこの二人は、学習院の出身でした。

中央省庁出身の侍従は、人事異動があって数年で元の省庁に戻りますが、私のように元いた会社を退職してきていますと、退路を断つといいますか、戻るところがありませんから、長く勤めさせていただくことになります。私が一七年の長きにわたって勤めさせていただいたのは、民間出身だからという面もあります。

そのほかに、研究者出身の侍従もいます。宮内庁書陵部で古文書の研究に当たっていた人が侍従になったケースがありましたし、赤坂御所にある魚類学研究室勤務だった人もいました。魚類学研究室は天皇陛下がハゼのご研究をされていたところですが、その人は研究者として宮内庁に入り、侍従になっています。

侍従は出勤すると、「侍従候所《こうしょ》」という部屋にそれぞれの机があり、そこで仕事をします。ここに付けられたインターホンを通じて、

「ちょっと用があるので、佐藤さん来てください」

とご指示を受けて、陛下のご書斎に向かうわけです。陛下からのご下問の内容次第で、その担当の侍従が参りますが、ご用事の内容はさまざまです。

陛下のご書斎は一〇畳くらいの広さです。非常に簡素なお部屋で、宮内庁の庁舎にある侍従長や侍従次長の部屋のほうが、よほど豪華なくらいです。宮内庁の庁舎は戦前からある建物ですから天井が高く、西洋風の華美なつくりですけれども、御所の陛下のご書斎は戦後につくられたものだからかもしれません。

部屋の両側の壁には、大きな本棚があります。本はご自身でお求めになるものもありますし、献上もたくさんあるので、どんどん増えてしまう。もちろんご書斎のほかにも置き場所はあるのですが。

陛下は、我々とご書斎で打ち合わせをされていても、ちょっとあやふやな部分があると必ず、

「ちょっと待って」

と仰って、関連の文献、歴史的な文献にあたられる。ものごとを曖昧にしておかれないのです。

大変な読書家でいらっしゃることは間違いないですが、巷間《こうかん》言われているような「散髪の間も本を手放さない」という場面は、私は目撃したことはありません。

御所における陛下の私室部分は、二階にご書斎とご寝室、浴室などがあり、一階にはお食堂とか御居間、ご研究室があります。こうした空間に立ち入るのは侍従のほか、陛下のご服装など身の回りのお世話をする内舎人《うどねり》という職員がいます。

陛下は、おおむね朝六時に起床され、健康維持のために皇后さまとご一緒に吹上御苑のなかを散歩されて、ときにはスロージョギングもされています。

私室におられても、基本的にネクタイとスーツ姿ですが、夜などごくまれに和服を召されてくつろがれるときもあります。

両陛下とも、クラシック音楽は非常にお好きですが、ステレオ装置に耳を傾け、音楽を楽しまれているというお姿はあまり記憶にありません。ときおり皇后さまがピアノを、天皇陛下がチェロを練習されていました。お二人で合わせるというよりも、それぞれ別になさっていたように思います。

両陛下は、お食事も質素なものです。我々もときどき、打ち合わせなどでお食事の席に陪席させていただくことがありますが、お献立は一汁三菜ほどで、一般の家庭とほとんど変わりません。暴飲暴食はもちろんされないし、お酒も、客人を招かれたとき以外は召し上がりません。

いわゆるグルメ、美食家では全くなくて、たとえば外国に行かれたとき、せっかくだからその土地の有名なレストランとか、景色のいい店などに行っていただこうとすると、

「いや、そのようなところに行かなくていい」

と仰るのが常です。おそらく警備の大変さや、ほかのお客にかかる迷惑とか、そうしたことに配慮されているのだと思います。あまり豪華なレストランだと食事をするのに時間がかかって、その時間がもったいないということもあるかもしれません。

私は以前、ブリュッセルに勤務していましたから、パリやブリュッセルでいいお店にご案内したいと思うこともあるのですが、両陛下は何か特別な理由がない限り、そういう店はけっして選択されません。自分たちの楽しみのために、いいお店に行くということはなさらないのです。

御所の一日

仕事は、七人の侍従で分担しています。お出まし時にお供をしたり、来客時の対応、宮殿での行事や新嘗祭など祭祀への出席など、全体の八割くらいは七人の侍従共通の仕事です。残りの二割が、それぞれ専門性のある仕事となります。

私の場合ですと、専門は外国との関係となります。侍従としての最初の仕事は、外国の王室との関係についていままでの記録を調べるように、というご指示をいただき、いつ、どこの国の方と、どういう形でご交流があったのか、記録をたどってまとめ、ご報告しました。

そのほか、総務省出身の侍従は地方行幸啓、文部省出身の侍従は教育関係、魚類学研究室出身の侍従はご研究関係といった形になります。

会社でいえば侍従長は社長、我々侍従は専務、常務取締役のような立場ですので、侍従長が統括して全体を見て、代表して陛下にお伺いしたり、ご相談したりという役回りになります。

御所の事務棟にはほかに女官候所があり、皇后さまの関連の仕事は女官がおもに行っています。もちろん、両陛下に共通する行事は多いですから、侍従と女官の間で常に連絡を取り合いながら仕事をしています。

陛下のお供をして祭礼に出席するときは祭服を着ますが、このときは、殿部《でんぶ》や仕人《つこうど》といった職員に着付けを手伝ってもらいます。陛下が祭服を召されるときは、我々侍従がお手伝い申し上げます。先ほど申しました、身の回りのお世話、ふだんのお洋服の手入れなどをしている内舎人は宮内庁に入庁した事務職の国家公務員のなかから、適性のありそうな人が順番に、異動する形でそうした職についています。

侍従は、毎日交代で一人が当直します。七人ですから、一週間に一度必ず当直の順番が回ってきます。ちなみに侍従長、侍従次長は当直は致しません。

当直といっても、夜中じゅう起きているわけではありません。夜一〇時半になると、御格子《みこうし》といって、格子が下り、陛下がお休みになるので、当直の侍従も寝ても良いという時間になります。それから朝まではふつうにベッドで休みますが、もちろんなにかあったらすぐに対応できるようにはしています。

当直明けの朝になると、天皇陛下に代わって宮中三殿にお参りする「御代拝」があります。潔斎してモーニングを着用し、車に乗って、朝八時半ごろから宮中三殿にお参りするのです。

侍従になって、もっとも新鮮に感じたのがこの御代拝の行事でした。

この当直の仕事をはじめ、侍従になって間もないころは、戸惑うことも多くありました。

陛下のなさりようとか、お考えがわからないところもあり、ご指導をいただくこともありました。

まだ侍従になりたてのころ、地方の行幸啓にお供したのですが、車列でのご移動中、沿道に多くの人が奉迎し、常の通り両陛下が丁寧にお応えになって、予定の場所に着くのが一〇分ほど遅れてしまったのです。

到着されると時間調整をかねて一〇分ほど御休所で休憩をとるのが慣例になっています。この日は到着が遅れたので、私の独断で会場の関係者に「開会を一〇分遅らせてください」と伝えたのですが、これが失敗でした。あとで両陛下から、

「佐藤さん、ああいうときは私たちは休まないでいいから、休憩時間をとらずにすぐに会場に向かうように」

とのご指摘があったのです。沿道の混雑でやむなく遅れたのですし、できるだけ休息をとっていただくのが当然だと思い込んでいたのですが、両陛下のお考えは違いました。

高齢の人もいて、あまり長く待たせてはいけないから、休憩の時間はとらなくていい、と。そのとき、両陛下は常に待っている人々のことを第一にお考えになっているのだということがわかりました。この一件以降、私も考えを改めました。

昭和と平成では何が違うか

昭和の後半の時代は別として、史上はじめて象徴天皇として即位された陛下は、象徴天皇として国民の期待に応えるにはどうしたらいいか、象徴天皇の務めとは何かをずっと模索されてきたように思います。

昭和の時代について詳しくは知りませんが、当時に比べて、いまの両陛下のお仕事の量は間違いなく増えているように思います。

そのひとつが国民の近くに足を運んで、実際に国民と触れ合い、心を通わせることです。災害があった土地にすぐにお出かけになるし、そこで人々と直接、触れ合おうとされる。あるいは、海外に多く出向かれて外国の人たちと交流されるのも、国と国との関係の基本にあるのはやはり人と人との関係だろうというお考えからです。そうなると、両陛下のご負担はどんどん増えてきてしまいます。

たとえば、地方に行幸啓され、在来線、特に「お召し列車」でご移動のときには沿線に多くの奉迎者が出ます。そこで両陛下は、車窓で一時間でも二時間でも席に座らず立ったまま、手を振ってお応えになっています。農村の田園地帯を通過するときも少しでも人影がないか、目をこらしておられる。我々侍従も立ったまま目を皿のようにして、「両陛下、あそこに人がいます」と申し上げて近づいてみたら、なんと案山子《かかし》だったという笑い話までありました。

国内で、芸術院賞、学士院賞の受賞者を宮殿に招いてお茶会をされる際も、昭和の時代とはだいぶなさり方が違っています。昭和の時代は受賞者は横に長いテーブルに座り、陛下はその中央にいらっしゃいました。従って、陛下の近くの受賞者以外は直接お言葉を賜ることは難しかったのです。そこで、今上陛下になって、七〜八つの丸テーブルに、それぞれ五〜六人ずつの受賞者が座ることにして、すべてのテーブルを両陛下が自らお回りになって、受賞者一人一人に平等に話しかけられる。そういう非常に丁寧なやり方をされているので、やはりそれだけでもかなりの時間と労力がかかるわけです。我々侍従は、事前に受賞者の資料を集め、お持ちするのですが、それもご覧になり、頭に入れたうえでお茶会に臨んでおられます。

勤労奉仕団に対する御会釈にしても、蓮池参集所に集まった各グループの代表者に「今年はおコメの出来具合はどうですか」「○○県はどうですか」と丁寧に話をされています。

毎年、春と秋にある、勲章受章者の拝謁も同様です。

宮殿に何百人もの受章者が並んで、拝謁があるのですが、まず代表者が御礼の言葉を申し上げ、陛下がお祝いのお言葉を述べられたあと、受章者の間を回られます。

これまでは後ろのほうの人はほとんど陛下と直接触れ合うことができなかったので、そのように変えられたのです。車いすの人がいれば近寄ってお声をかけられますし、できるだけ多くの人と直接、近くで接するということを徹底されています。その場に大勢の人がいても、できるだけすべての人にきちんと御会釈をされるということを心掛けておられます。陛下のお側にいて印象的なのは、常に公平性を追求される姿勢です。

外国に派遣される大使夫妻は赴任する前に皇居にお茶に呼ばれる機会がありますし、任務を終えて帰国したときも帰朝報告で御所に招かれます。

もちろん、外国の大使も着任時に信任状捧呈式という儀式があり、宮中に招かれます。このとき、宮内庁からお迎えを差し向けるのですが、先方の大使は馬車もしくは自動車のどちらかを選ぶことができます。やはり、一度は経験してみたいということで馬車を選ぶ大使が多いようです。

外国の大使は着任後、数ヵ月すると、お茶に呼ばれる機会があります。さらに、着任から三年経った大使は食事に招かれます。そのあたりの外国関連は宮内庁の式部職が担当し、各大使の在職期間などを把握しています。

とにかく丁寧に各国の大使を厚遇されるので、当然ながら非常に喜ばれます。しかし、その分どんどんお仕事が増えてしまう。

こうした拝謁のルールとか、先ほど述べたような芸術院賞、学士院賞の受賞者との茶会、勲章の受章者拝謁など最近の慣例はすべて陛下のオリジナルです。陛下の時代になって、これだけ新しいやり方に変わっているということは、それほど知られていないと思いますが、すべて意識的にされていることです。

天皇陛下というと、周りの人間がお膳立てして、その通りにされているという印象を持っている人もいるかと思いますが、むしろ陛下ご自身が色々なところから情報を得られながら、ご自身で考えて進めておられるのです。

その陛下の基本的なお考えのベースにあるのは、国民の幸せとは何か、あるいは国のため、社会のために何ができるかということであり、その背景には、長い日本の歴史のなかで皇室がどのように存続してきたかということがあると思います。

陛下がよく仰るのは、「歴代の天皇のなさりようを踏まえて、それを頭において」ということです。皇室は国民の幸せを願い、祈りながら二〇〇〇年にわたって続いてきたわけですが、「時代時代によって、どうすべきかという要請は違ってくる」と仰っていますし、いまの時代に合った形で、国民のためにどう行動すべきかということをずっと考えておられます。

震災の日

二〇一一年三月一一日午後二時すぎ、両陛下は勤労奉仕団に御会釈され、宮内庁車馬課の厩舎に立ち寄られて伊勢神宮に献進される予定の神馬を視察されたあと、宮殿に戻られて間もない午後二時四六分に、震度五強の地震に遭《あ》われました。

たまたま私はこのとき外にいたのですが、川島裕前侍従長の著書『随行記　天皇皇后両陛下にお供して』によると、御所前庭の地面がうねるように動き、宮殿の表御座所に架けられた各国元首の肖像写真が次々と倒れるほどの揺れで、陛下はすぐさまテレビのスイッチを入れて状況を把握されようとしたそうです。

このときに限らず、陛下は常日頃から揺れや豪雨など、何かあったらすぐにテレビをご覧になって、「大丈夫だろうか」と情報を収集されます。そのあたりの反射神経は、本当に驚嘆すべきものです。そのうえで、必要があると判断されれば、「調べるように」と我々にご指示があります。被害状況はもちろん、場合によっては関係者に御所に来て説明してもらいたいとか、現地の知事は対応で大変だろうけれども、それに代わる人に話を聞きたいとか、すぐに反応されるのです。やはり天皇陛下というご存在は、我々には想像のつかないような視点をお持ちなのだといつも感じていました。

東日本大震災のときは、皇后さまが宮殿のガラスの扉を開けて逃げ道を確保され、お二方で一時、庭に避難されたそうです。その間も、先ほど懇談した勤労奉仕団の人や、皇居参観の人びとの安否を気遣われていたといいます。同時に、テレビのニュースで被害状況を把握することに注力されていました。結局、この日は皇居周辺の公共交通機関が停まってしまったために、勤労奉仕団の面々も帰宅困難者となって、皇居内の集会所で一晩を過ごしました。

その直後、原発の事故があって、都内の多くの地域で計画停電が実施されている折、皇居のある千代田区はその対象にはなっていませんでしたが、国民の皆が苦労しているのだから、自分たちもという陛下のご発想で、自主停電とされたのです。それによって御所の中も、廊下まで真っ暗になりました。

皇后さまは戦中や戦後、停電の多かった時代のご記憶をお持ちですから、手元でロウソクを保管されていました。また、懐中電灯やランプ、燭台などを集め、停電と節電に備えることにされたそうです。

両陛下のお気持ちとしては、早く被災地に行ってお見舞いをしたいけれど、現地はまだ混乱していてかえって救出活動の妨げになったり邪魔になってもいけないから、まずはビデオメッセージを出すというご決断に至りました。

震災から五日後の三月一六日午後三時、御所の「応接室」で、ビデオメッセージの収録を開始しました。普段は来客があったときに対応する部屋ですが、その一角をしつらえて、テレビカメラを設置し、ＮＨＫから派遣されたスタッフが撮影にあたりました。

陛下は収録にあたって、「メッセージの放送中、何か災害が起きて緊急にアナウンスする必要が生じた場合は、ただちに放送を止めてください」と明確に指示されました。

「この度の東北地方太平洋沖地震は、マグニチュード９・０という例を見ない規模の巨大地震であり、被災地の悲惨な状況に深く心を痛めています」

という一節に始まる陛下の「おことば」は、次のような感動的な文章で締めくくられています。いま拝読しても、真にこころ動かされるものがあります。

「被災者のこれからの苦難の日々を、私たち皆が、様々な形で少しでも多く分かち合っていくことが大切であろうと思います。被災した人々が決して希望を捨てることなく、身体《からだ》を大切に明日からの日々を生き抜いてくれるよう、また、国民一人びとりが、被災した各地域の上にこれからも長く心を寄せ、被災者と共にそれぞれの地域の復興の道のりを見守り続けていくことを心より願っています」

災害に遭った人たちの痛みを、国民全体が共有しようというメッセージで、陛下ご自身がそれを身をもって体現されていたようにも思います。

被災された人たちのために、那須御用邸の職員用浴室を開放されたのも何か国民のためにできることはないか、という両陛下のご発想です。

震災直後、被災地の訪問が難しい時期には、まず東京周辺に避難している人々を訪問されました。三月末には東京・足立区にある東京武道館を訪問して福島県などから避難した被災者たちを見舞われ、翌々週の四月八日には埼玉・加須の旧騎西高校校舎に避難していた人たちのもとを訪ねておられます。このとき私は侍従次長になっていましたので、こうした各地へのご訪問には随行せず、留守番役でした。

その後も毎週、計七つの都県を連続して日帰り訪問されました。これも公平の原則に基づいて、被災したすべての県と被災者のいるところに満遍なく行くというお考えによるものです。

五月には福島県相馬市原釜《はらがま》地区を訪れ、がれき撤去作業の現場のほうを向いて犠牲者に対し深々と一礼されています。

外国ご訪問の感動秘話

一七年にわたってお仕えしてまいりましたが、だんだんと陛下のなさりよう、お気持ちがわかってきて、実際に陛下のお考えに沿えたのではないかと手ごたえを感じることも増え、そんなときは非常に喜びを感じることができました。たとえば外国を訪問された際にどのような設定をすればいいかとか、どういう人に会っていただいたらいいかなどの判断で、陛下の仰りたいことが少しずつ、事前に感じ取れるようになったように思います。

平成二〇年、私は侍従次長となりました。

本来は外国ご訪問時の仕事は外れ、留守番役を務めることになるのですが、もともと外国関連の仕事を続けてきましたので、当時の侍従長の指示もあり、例外的に続けさせていただきました。

平成二一年のカナダ、アメリカ合衆国（ハワイ州）ご訪問もそうですし、平成二四年のエリザベス女王ご即位六〇周年に伴うイギリスご訪問も、次長の立場ではありますけれども、私が担当しました。

海外ご訪問の際は、事前に宮内庁、皇宮警察および外務省の合同チームで二度現地に視察に参ります。一度目は、だいたいどういったところに行っていただくかを決め、二度目はその場所をどういう形で何分くらいご覧になっていただくかを決めていくのです。

カナダでは、トロントの小児病院を下見に行ったのですが、そこで皇后さまに読み聞かせをしていただけないでしょうか、という話がありました。

それを持ち帰って皇后さまにお伝えしたところ、

「あまり時間に余裕がないので、それでは読み聞かせではなくて、日本の歌はどうかしら」

と仰って、ご訪問時には子守歌「ゆりかごのうた」を子供たちのために歌ってくださいました。みなとても感激していました。

いつも障害者、高齢者、子どもといった弱者の側に心を寄せられるというのは海外でもまったくお変わりないですから、訪問先の国が推薦する場所があれば、そこへ行きましょうということになります。

海外ご訪問時には、昼も夜も訪問先の国の首脳や王族との会食が入り、かなりタイトなスケジュールになるわけですけれども、「時間があればできるだけ」ということで予定を入れられていく。ある程度は侍従のほうで案配しますけれども、結果的に大変お忙しいスケジュールになってしまうのです。

平成九年にブラジルのサンパウロを訪問されたとき、非常に印象的な出来事がありました。両陛下は、一九年前の昭和五三年（一九七八年）にブラジル移住七〇周年記念式典に出席されるため、サンパウロを訪問されているのですが、その折、当初予定されていた日系人の農場へのご訪問が、直前の公式行事が長引いたためできなかったのです。陛下はそのときのことを記憶されていて、

「サンパウロの郊外にある日系人の農家を訪ねることになっていたが、日程の都合で行かれなくなって非常に気の毒なことをした。その人はまだ存命だろうか。確かタナベさんという名前で、鶏を飼っている人だった」

と仰るのです。本当にその記憶力は、驚くべきものだと思います。優れた頭脳をお持ちだということもあるのでしょうが、常に人との関係を大切にされているからこそ記憶に刻まれているのではないでしょうか。

サンパウロの総領事館でタナベ氏の所在を調べてもらった結果、残念ながら亡くな

っていたのですが、そのご子息と二〇年越しの面会を果たすことができました。ご子息もとても感激されていました。

平成一八年のマレーシアご訪問も、感動的でした。平成三年のマレーシアご訪問の際、両陛下は北部ペラ州のクアラカンサーという古都をご訪問の予定でしたが、インドネシアで発生した山火事で飛行機が飛べなくなってやむなく中止となり、クアラカンサーのマレー・カレッジという学校の関係者は大変がっかりしていたと伝えられていました。そのため、両陛下はクアラカンサーのことをずっと気にかけてこられました。

一五年後の平成一八年、タイのプミポン国王ご即位六〇年の式典にご出席になることになり、陛下にご相談したところ、

「それではその機会に隣の国のマレーシアのクアラカンサーに行けないだろうか。一五年前に行きそびれてしまったから」

と仰るのです。検討の結果、クアラカンサー行きが決まり、マレー・カレッジご訪問が実現しました。そこで両陛下をご案内したのは、一五年前、生徒の一人としてお待ちしていた同校の卒業生でした。陛下は、

「この男性は一五年前、ここの生徒だったそうで……」

と少し離れたところにいらした皇后さまにお声をかけられ、皇后さまも近寄られて、

「一五年前のこと、大変失礼しました」

とやさしく語りかけられました。その瞬間、男性の目から涙が溢れて止まらなくなってしまい、横にいた私も、涙をこらえるのに苦労しました。


平成一二年のオランダご訪問では、我々侍従は緊張を強《し》いられていました。戦争中、日本軍がオランダ領インドネシアを占領、現地に住んでいた一三万人くらいのオランダ人の兵士や市民を捕虜として抑留し、かなりひどい扱いをしたとされています。そのため、戦争を知るオランダ人のなかには強い反日感情を持つ人がいて、昭和四六年（一九七一年）に昭和天皇がオランダを訪問されたときは「戦争犯罪者」というプラカードが掲げられ、陛下の車列に生卵や魔法瓶が投げつけられる騒動が起きました。

それから三〇年近くが経っているとはいえ、戦時中の日本軍の行為に対し謝罪と賠償をしろと主張する人たちは、まだまだ残っていたのです。なかには、プラカードを

持ってデモをし、両陛下に訴えようという動きもありました。こうした事情から、やや重い雰囲気のなかでのご訪問となりました。

両陛下は、スイスご訪問のあと、五月二三日午前にオランダ・アムステルダムのスキポール空港に降り立たれました。そしてこの日の午後から、宮殿前のダム広場で戦没者記念碑への献花に臨まれた。実はこのとき、オランダのベアトリクス女王のお計らいで、オランダの旧軍人をその場に招かれていました。どうなることか、と心配もありましたが、陛下のとられた行動が、それを杞憂に変えました。

献花をされたあと、陛下は皇后さまとご一緒に非常に長い時間をかけて、真摯《しんし》に黙礼を捧げられたのです。それは真心のこもったなさりようで、周りにいたすべての人が、大変に感銘を受けた場面でした。

記念碑の前に並んでいたオランダの旧軍人たちも、同様に感じたようでした。それまでの重たい空気がガラリと変わり、翌日は陛下と旧軍人の交流もあって、一挙に友好的な雰囲気に変わったのです。それは驚くべき変化でした。

陛下のご存在は一〇〇人の外交官に匹敵するとよく言われますが、まさにその通りだと思います。日本の皇室が、対外関係においてもいかに大きな役割を果たしているかを感得した瞬間でした。

国内では、陛下の沖縄への思いも特筆すべきものがあります。皇太子時代を含め、これまで沖縄には一一回訪問されています。太平洋戦争で激しい戦場になったということのほかに、日本のほかの土地とはやや違った歴史的な背景を持っていることに対する思いをお持ちなのかもしれません。

沖縄をテーマにされた御製を発表されたことが何度かありましたが、沖縄がこれまで辿ってきた歴史を、国民にあらためて認識し、共有してもらいたいというお気持ちの表れではないかと思います。

退任のご挨拶

実は私は、皇后さまの大ファンというと大変失礼ですが、本当に立派な方だと思っています。世界中探しても、あれだけの方はほとんどいないのではないかと思いますし、多くの外国人もそのように言っています。我々が先遣隊として外国ご訪問の下見に参りますと、「天皇皇后両陛下を戴いている日本人は、とても幸せな国民ですね」

と言われたことが幾度もあり、日本人として誇らしく感じていました。

平成一四年にスイスのバーゼルで行われた国際児童図書評議会（ＩＢＢＹ）創立五〇周年記念大会に出席された皇后さまに、随行させていただく機会がありました。

皇后さまお一方のプライベートな外国ご訪問ですからお供の者もなるべく少人数で、侍従は私一人、女官と侍医、それから内舎人といった面々で随行させていただきましたが、近くで皇后さまのお人柄に触れ、お供させていただいて心から楽しい、素晴らしい旅となりました。私にとって、本当に良い思い出になっています。


侍従として一三年、侍従次長として四年間務めさせていただいて、年齢も七〇になりましたので、東日本大震災の翌年の平成二四年にお暇をいただくことになりました。最後に両陛下に拝謁したとき、

「長年にわたる勤めをありがとう」

という趣旨のねぎらいのお言葉を頂戴しました。今後は明治神宮の国際神道文化研究所というところに勤めて、日本の文化の基盤にある神道を通じて世界に日本の良さを紹介したいと思いますと申し上げたところ、皇后さまに、

「それは大変大切なお仕事ですから、お身体に気を付けてしっかり務めてください」というお言葉をいただいて、とても感激しました。

ご在位の三〇年の間に、両陛下に対してより多くの国民から「お元気で！」とか、「ありがとうございます」というような、思いのこもった言葉がかけられるようになったと思います。一般参賀に集まる人の数も年々増えていますし、多くの人が陛下のご退位を惜しみ、残念に思っていることはひしひしと感じます。

それは長きにわたって両陛下が積み上げてこられたことへの感謝であり、評価でもあると思います。先ほども申しましたが、天皇陛下はご自身の象徴天皇としての務めは何かということを模索してこられ、ご在位のあいだに、それが結実していったということだと私は考えています。

その一方で陛下は、冷静な科学者の一面もお持ちです。

人間はだんだん、年齢を経るにしたがって精神的には大丈夫でも肉体的に弱くなるということをわかっておられるし、そうなればいままで全身全霊で打ち込んでこられた象徴天皇としての務めが果たせなくなることも強く意識されています。

だからまだ、ご自身でその務めが果たせるうちに、次の世代に引き継ぐことで陛下のお考えになる象徴天皇の役割が継続していける。それこそが、国のため、国民のためになるというお考えだと思いますし、陛下の非常に論理的な、科学者としての結論であると私は受け止めています。

今回のご退位について、ともすればご高齢でお疲れになったからとか、もうずいぶんご在位が長くなられたのでとか、ご体調がすぐれないから負担の重いご公務を続けられるのはおかわいそうだという受け止め方をしている人が一部にいますが、私はそれはまったく違うと思います。

あくまでも、象徴天皇の役割が間断なく続いていくためにはどのようにすればよいかということを考えぬかれたすえのご決断だと思うのです。ですから私自身は、今回のご決断に意外感はありませんでした。長く近くにお仕えして、まさに陛下のお考えだと感じています。

平成二八年八月八日に発表された「おことば」で、陛下はこのように語られています。

「即位以来、私は国事行為を行うと共に、日本国憲法下で象徴と位置づけられた天皇の望ましい在り方を、日々模索しつつ過ごして来ました。伝統の継承者として、これを守り続ける責任に深く思いを致し、更に日々新たになる日本と世界の中にあって、日本の皇室が、いかに伝統を現代に生かし、いきいきとして社会に内在し、人々の期待に応えていくかを考えつつ、今日に至っています」

つまり、陛下は日本の皇室を「いきいきとして社会に内在し、人々の期待に応え」る存在だと考えておられるのです。

ご自分が退位し、上皇となられたあとも、次代の象徴天皇が「いきいきとして社会に内在し」た存在であるように、という陛下のお考えを重く受け止める一方で、天皇陛下と皇后さまという、本当にご立派な、得がたいお二方に今後、国民が接する機会が大幅に減ってしまうということへの寂寥感は、多くの国民の胸に残るのではないかと思うのです。

両陛下の人格的な高潔さに対する尊敬の念は、むしろ今後ますます高まるのではないでしょうか。

侍従を退職した後も毎年、天皇陛下、皇后陛下それぞれのお誕生日やお正月には旧奉仕者としてお招きいただいています。そのときに「いまはどういう仕事をしているのですか」などとお言葉を頂戴することもありますが、大変ありがたく、懐かしく感じています。

これからも両陛下が末永くお元気で、新しい生活を楽しまれることを、心から祈ってやみません。

（談）

同窓生が見た天皇陛下「三つの大変化」

明石元紹（天皇学友）

「科学者」としての決断

平成二八年七月二一日の夜一〇時過ぎ、天皇陛下の内舎人《うどねり》からの電話は、私にとって意外なものでした。

「陛下が、明石さんにお電話をなさりたいと仰っています」

約一週間前のNHKの報道によって、陛下が生前退位の意向を示されていることが知られ、世間に大きな衝撃を与えたばかりでした。内舎人から電話を代わると、陛下が電話口に出られ、いつもどおりきわめてゆっくりと、冷静に話をされました。

「美智子を心配して、譲位を訴えているように受け取られてしまうので、それは困る」

メディアの報道が過熱するなかで、私もあるテレビ局の取材に「皇后さまのご体調が悪いのではないでしょうか」という推測を述べたのですが、陛下は、それをご覧になっていたようです。

NHK報道後のメディアの状況を見ていて、少なくとも自分はこんな風に考えているし、こんな風には言ってほしくない、ということを伝えておきたかったのではないでしょうか。学習院時代の同級生の多くが亡くなったり、高齢によって取材を受けることができなくなっているために、各メディアの取材が私に殺到しているようで、かわいそうだなと思われたのではないでしょうか。

お言葉としてはこの通りではなかったですが、大略、このような内容のお話でした。

自分は一生（天皇を）やってもいいんだけど、そうすることによって、自分の思ったことと違うような結果になってしまっては、それは申し訳ない。

自分の身体の限界は、自分ではまだ感じていないけれども、まわりから見るとそう感じられてしまうというのでは申し訳ない。

皇太子も五〇代になって、そこにすべてを任せたい。

リタイヤして、次の世代にわたすのが正しいと思う、と。

お話をうかがって、そのような、「体力に自信のない天皇は立場を退くという、科学的な皇位継承の流れを、これからもずっと続けてほしい」というお考えなんだなと私は受け止めました。陛下ご自身の退位にとどまらず、それが「科学性、合理性を含めた人間活動のあり方なんじゃないか」と仰っていたように思います。

皇后美智子さまのご体調悪化が退位を考えるきっかけになったわけではない、ということははっきり仰っていましたし、ひょっとしたら、それが両陛下のもっとも仰りたいことだったのかもしれません。

皆さんご存知のとおり、あのご夫婦の絆というものは非常に強いものがありますし、陛下は、常に美智子さまのご発言を尊重され、配慮されていますので。

「今度の（退位の）話については、ずいぶん以前から考えていた。明治以前には、途中で退位をしたり、いろんな形でいらした天皇がたくさんいる。それがいろんな結果を生んだのは確かだ。けれど、譲位は何度もあったことなので、僕がいま、そういうことを言ったとしても、何もびっくりするような話ではない」

陛下は、すでにこの問題について長く考え抜かれてきたようで、お言葉には迷いがなく、非常に落ち着いたご様子でした。

皇室典範第十六条に〈天皇が、精神若しくは身体の重患又は重大な事故により、国事に関する行為をみずからすることができないときは、皇室会議の議により、摂政を置く〉と定められた規定についても、陛下のお考えはきわめて明確でした。

「僕は摂政という制度には賛成しない。大正天皇のとき、昭和天皇が摂政になられたときに、それぞれの当事者としてあんまりこころよい気持ちを持っていらっしゃらなかったと思う。その当時、国の中に大正天皇をお守りしたい人と、摂政の昭和天皇を守立《もりた》てようという二派ができ、意見の対立のようなものがあったと聞いている」

とも仰っていました。

電話でお話しした時間は一〇分ほどだったと思いますが、非常に長く感じました。いつも通り、一語一語明晰に丁寧に話されるお言葉に示された陛下のご意思は、誤解しようのないものでした。

幼稚園時代からのもっとも古い学友の一人として長く陛下をお近くに見てきて思うのは、陛下は科学者だということです。科学的に考えて納得できないことはダメだというお考えを根本に持たれていると思う。

天皇としての務めがじゅうぶんに果たせなくなったときは、摂政をおかず、立場を退くべきである――ただ座っているだけではなく、直接出向いて自分の思いを相手に伝えなければダメだ、と陛下はそう科学的に考えられたのだと思うのです。

官房副長官との対話

電話のあと――私は深く感ずるところがありました。

八月八日になって、陛下ご自身が「おことば」を発表され、国民に向かってより直接的に退位のご意向を示されました。これによって生前退位の法制化の動きがようやく始まることになるのですが、それに先立って、私は陛下との電話のやりとりを自分なりに咀嚼《そしゃく》し、そのお気持ちを官邸に伝えることができないか、考えはじめました。

ひとつには、陛下の思いとやや違った形で、退位の問題がメディアに流れているということに対する危惧《きぐ》があったためです。

生前退位法制化の議論はようやく緒についたばかりでしたが、そこで行われている議論の中身は陛下のお気持ちとはかなりずれているように、私の眼には映りました。

まず、脳裏に浮かんだのは麻生太郎財務相・副総理の存在です。

私のほうが六歳ほど年上ですが、学習院中学・高校の同窓でもあり、麻生氏の妹の信子さまは亡くなった寛仁親王に嫁がれていますから、皇室の問題にも理解が深いだろうと自然に考えました。

知人を介して麻生財務相に連絡をとったところ、この問題を担当しているという杉田和博官房副長官を紹介していただき、八月六日に首相官邸で面会することになりました。

杉田氏は、警察庁出身で、第二次安倍政権発足以降、官房副長官に就任し、事実上日本の官僚機構のトップにいる人です。官邸、内閣府の扱うあらゆる案件だけでなく、内閣人事局のメンバーとして、各省幹部職員の人事も検討する立場にいます。もちろん、この日が初対面でした。

私は、陛下からいただいた電話の趣旨を説明し、現状について私なりの問題意識もお伝えしたのです。

率直に言って杉田氏から返ってきた言葉に、私はあまりいい印象を持ちませんでした。

「生前に退位されるためには、国民の代表たる国会議員の総意が必要になります。今上陛下一代限りということであれば、退位の合意を取りまとめることはできるでしょうが、将来の天皇陛下を含めた恒久的な制度をつくることは、大変難しいと思います」

杉田氏の口ぶりからは、すでに生前退位の法制化は難しいとはなから決めてしまっているように感じられました。私には、人の顔を見て人間性を判断するという悪癖があるんですが、その意味でも杉田氏にはいい印象を持てませんでした。

官僚としてはきわめて優秀な、立派な方なんでしょうが、この人と話をするのはなかなか難しいなと感じて、その後は一度も接触していません。杉田氏が、

「(官房副長官たる) 私は危機管理官ですから、(常に官邸に詰めていて) ほとんど世の中を歩いていません」

と言うのを聞いて、この問題を扱う立場の人として、大丈夫かな、と危惧を抱いたことも事実です。別れ際、「いろいろ参考になるお話をありがとうございました。何度でもいらしてください」とは言ってくれましたが、徒労感が残りましたね。

一部に「生前退位は、陛下のわがままだ」とする声があったことは、私も承知していますが、それでもいま皇室の中でどんなことを考え、真剣に悩んでおられるのか、官邸は聞き取りをするなどの努力をすべきだったと思います。ましてNHKであまし

た報道があったわけですから、すぐに動くべきでした。

皇室の問題は、長く見ていないとわからない部分もありますが、それにしても、いま皇室の中がどうなっているのか、どなたがどうされているのか、官邸の側が知らなすぎるのが問題だと思っています。だから陛下から見ると、官邸がどう動いているのかよくわからない、ということになってしまいかねない。双方のパイプ役がいないということなんでしょうね。

自己主張と調整屋

その後に始まった有識者会議の議論は、さらにひどいものでした。

皇室の実情を何もわかっていないのに理屈だけこねて、「日本は特殊な国だから」と主張する人が多かった。

天皇は古来、亡くなるまでずっと続けてくださった、と。それを他の国と同じように生前に退位されては困る、と言うんですよ。

しかし、私の見てきたところでは、陛下のお考えはもっと深いところにあるように思います。先の大戦で、天皇を利用して、国民みんなが命を懸けて外敵にあたるという精神主義に陥ってしまったのはなぜなのか。どうしてあんな戦争をしてしまったのか。

暴力や迫害が、今後再び起こるような仕組みは、けっしてつくってはいけない。その犠牲になった方は、統計に表れるよりも実際にはずっと多いのですから。

両陛下は、そういう方たちも慰霊しなければいけない、そう考えられて、サイパンに足を運ばれ、ペリリュー島にも行かれたんだと思うんです。

ところが、有識者会議のヒアリングに出てきた一部の論者は、日本独特の古典を大事にしようとかなんとかおかしなことを言って、陛下のお言葉にまともに向き合おうとしていない。

それどころか、櫻井よしこ氏あたりは、「再軍備して、核を持たなければ日本は一人前の国家にはなれない」などと主張している。

せっかく両陛下が積み上げてこられた平和主義の理想を、なぜ認めようとしないのか。あまつさえ、戦前の価値観へ引き戻そうとするのか。

京都産業大学名誉教授の所功氏の議論も、やや観念的すぎるように私には思えました。長期にわたって皇室史を研究していながら、なぜ陛下の思いが理解できないのか。

「有識者」と称する人たちの一連の議論を、苛立ちをもって聞いていました。有識者会議の座長代理を務めた御厨貴氏（東大名誉教授）も、調整屋に徹するだけで、自分なりの責任をきちんと果たそう、という姿勢は見受けられませんでした。

結果的に、退位の法案は陛下一代限りの特例法となりましたが、これも杉田氏がはじめから想定していた通りの結果だったのでしょう。

皇室とは残骸である

皇室とか、王室とはどんな存在であると皆さんはお考えですか。

世界的に見れば、過去に権力者であった王室が政治権力を握り、社会を引っ張っていた時代が確かにありました。しかし、現在の世界を見れば、すでにほとんどの国では国民が決定権を握る国民主権となり、王室がいまだに権勢を振るっているとまがりなりにも言えるのはタイくらいで、そのほかの国の王室、皇室はすべて、昔の権力者のなれの果ての姿、いわば「残骸」なんですよ。「廃帝」と言ってもいい。

そういう王室、皇室という存在を、現代に残すのか残さないのか。

残すとしても、どんな形で残すのか。

それは世界的なテーマの一つだと私は思うんです。その点については、日本だけが特別というわけでもなんでもない。それをいまの陛下は、よくおわかりなんだと私は思うんです。

だから現在は、過去の権力者然としない姿で、一般的な人間としての生活をある程度追求しているわけです。そういう存在としての皇室が、どんなことをしたら日本のため、平和のために尽くせるのかということを考え抜かれて、それをおやりになっている。

陛下はずっとそれを模索しつづけてこられて、その途中で年齢的にも、身体がご自身の思う通りに動かなくなってきましたから、それならば次の世代に譲りたいというのが御本心だと思います。

誰もそういう見方をしていないのが、私には不思議で仕方がない。

陛下は一昨年の「おことば」表明でも、「いきいきとして社会に内在」した存在でありたいと仰っている。つまり、考えているだけでは、思っているだけでは何にもならない、行動しなければ人は思いを受け止めてくれないということだと私は理解しています。

行動するということなんですよね。

それはやっぱり、学習院中等科時代の英語教師・ヴァイニング夫人の教え、さらに東宮参与だった小泉信三さんの教えだと思います。

陛下は、八〇歳を過ぎても、その教え、行動しようという努力をずっと続けておられる。象徴であり、今後は退位した上皇であっても、行動しないと人は考えを受け止めてくれないんだ、と。

鉛筆を拾うのはどちらか

私は幼稚園時代から、八〇年にわたって陛下をお近くで拝見していますが、終戦までの、小さいころの陛下は、率直に申し上げて自分勝手な部分をかなり残しておられました。

もちろん、戦前は大元帥たる天皇の長子、皇太子として、将来の大元帥としての教育を受けておられたし、東園基文さんをはじめとした傅育官《ふいくかん》たちや、宮内庁の役人もそれを踏まえて、いまとはかなり違った形で躾けましたからね。

当時の陛下は、自己中心的で、優しさのようなものはあまり感じませんでした。同級の我々はもちろん仲間ではあるんですが、どこか見下されているように感じていました。

それが変わったのは、やはり戦後です。終戦が、大きな転機になったと思います。学習院大学のイギリス人教授・レジナルド・ホレイス・ブライス氏は、戦後の学習院のあり方と陛下の教育について、連合国軍司令官マッカーサー元帥の意向を打診した人物ですが、終戦直後から陛下の英語の個人教授も務めていました。

そのブライス教授が講義中、コロコロと鉛筆を転がすということがありました。教授は陛下に対して、こう質問しました。

「鉛筆が落ちました。どちらが拾ったらいいですか」

「鉛筆に近い人が拾うのがいいでしょう」

と陛下は答えたんですが、ブライス教授は首を振ってこう諭した。あなたはクラウン・プリンスで、公的なサービスをしなければいけないお立場です。こういうときは、あなたが拾ってください、と。いい話ですよね。陛下にとっては、それまでの扱いとは根本的に違うということを痛感した一件だったと思います。

このブライス教授は変わった人で、第一次大戦のときには兵役を拒否して入牢しているほどの硬骨漢です。イギリスの国民性もあるのかもしれませんが、独特な哲学を持っていたと思いますね。

二つ目の大きな変化は、やはりアメリカ人の英語教師・エリザベス・グレイ・ヴァイニング夫人との出会いです。

ヴァイニング夫人は我々が中等科一年生の二学期、昭和二一年一〇月二一日に、当時東京・小金井にあった学習院中等科にいらっしゃいました。

黒のスーツに身を包み、大きな帽子をかぶったスラリと背の高い美人で、当時四四歳でした。このヴァイニング夫人の教えが、陛下に与えた影響も大きなものがあると私は思います。英語の授業で、それぞれの生徒にアメリカンネームを付けたことはよく知られている。陛下は「ジミー」で、私は「ビリー」となった。陛下は最初、「私はクラウン・プリンスです」と言って抵抗したが、結局は同級生と同様に、そのアメリカンネームを受け入れました。

ヴァイニング夫人は、英語の授業で、戦前までの日本の皇室は高いところにいて、ただ眺めているだけの存在だったけれども、それはもう通用しません、と説いた。権威とは何かといったら、相手の人権を一番大切に考えることであって、自らへりくだって考えてください、と。

先ほども述べましたが、ただ思っているだけではダメで、行動しなければ何もならないとお伝えした、このお二人との出会いは大きかったと思います。それ以降の陛下は、すっかり変わりました。身勝手なところが消え、我々を見下すような態度も消えた。結局それが、後年の美智子さまとの出会いにつながったんだと私は思います。

もうひとつのきっかけは、長い皇太子時代に、本当にたくさんの外国を訪れたということです。とくにご結婚後は、美智子皇后と連れ立っていままでなかったくらいの数の外国訪問をなさいました。

そこでお二人は、世界の王室がいまどうなっているのか、それぞれの国でどのように受け入れられているのか、それをつぶさにご覧になった。「皇太子夫妻」としての期間が三〇年にわたって続きましたから、その間にお二人で、本当によく歩かれた。海外に行くと、いろんな宗教があり、いろんな人がいて、それぞれの文化を大切にされているわけですが、昭和天皇が亡くなったとき、それまで海外を見ながらご自身なりの天皇のあり方を考えて来られたものを、実行に移すようになられたんだと思います。

平成の大変化

現在の陛下が即位されて以降、何を変えたのか調べてみると、かなり多くの改革をされていることに気づかされます。

まずは、話し言葉。昭和天皇の「あ、そう」という言葉づかいから、「〜ですね」のような丁寧語に変わられました。

御所での拝謁の際は、天皇が全員に向けて話すのではなく、一人ひとりに声掛けするようになっています。

学士院賞や芸術院賞の授賞式などの行事も、昭和の時代は天皇単独での出席だったものを、両陛下でのご出席に変えられたものが多くあります。

また、各分野の学者や官僚を御所に呼び、個別に詳しく話を聞くということは昭和の時代にはほぼなかったことですが、現在の両陛下はかなり頻繁になさっています。

その一方で、祭祀をはじめとした日本の皇室が維持してきた伝統は、非常に大切にされている。しかも、祭祀ひとつひとつの意味を考えて、なぜ田植えをするのか、なぜ神殿にお参りするのか、その意味を捨てないように深く掘り下げて追求されているように思います。

美智子さまは、ご自身はクリスチャンではないですが、聖心女子大でクリスチャンの教育を受けられ、人を守る、尊重するということを柱とされてきたと思います。ある意味で、それは皇室も同じだと思うんです。

陛下は、ヴァイニング夫人や小泉さんの教えもあって、ただ座っているだけでなく、実際に現場に出向いて自分の思いを相手に伝えることに価値がある、と知った。

そう考えた以上はやはり現地に行って直接触れ合わないと意味がないと。何ごとも非常に丁寧に考え抜いて、納得しないと動かない性質の方ですから、そうご自身で思い定められたのだと思います。

平成二六年から、皇居乾通りが、春・秋のシーズンに一般に開放されましたが、これは菅義偉官房長官が熱心に働きかけて実現したことと聞いています。皇室を一般国民により身近に感じてもらうという点では多少の意味があったかもしれませんが、警備などに多額のカネを使ってまでやる意味があるのかと問われると、私は疑問です。

陛下のように、本心から国民の喜び・幸せを深く考えての行動であればいいのですが、単なる人気取りに終わってしまってはなにもならない。政府はそのことをよくよく考えてもらいたいと思いますね。

国民の幸せを願う

平成二八年の三月三〇日に、学習院初等科のクラス会があり、陛下も出席されました。学習院は宮内省の管轄下でしたから、戦時中も通常の学校とは大きく違って、軍歌を歌わされるようなことはなかったですし、軍の関与をほとんど感じないまま過ごすことができました。そのことは、とても恵まれていたと思います。日光に疎開中はお付きの侍従武官がいるにはいたけれど、ほとんど相手にされなかった。

クラス会のとき、陛下に、「戦時中も、軍歌は歌わされませんでしたね」と話しかけたんです。

「軍歌は歌わなかったね。（疎開時の宿舎は）帝室林野局の山荘だった」

陛下も懐かしそうに話されていました。

当時の学習院院長・山梨勝之進は、海軍出身の元軍人で、昭和五年のロンドン海軍軍縮会議の取りまとめに奔走し、軍縮に協力したという批判を浴びて海軍を退役させられた人です。けっして口には出しませんでしたが、太平洋戦争に対する複雑な気持ちは常に抱いていた人ではなかったかと想像します。

陛下もその経緯はよく承知されていて、

「それで僕らは正しい教育をしていただいたんだね」

といまも仰っています。このクラス会のとき、同級生の九條道弘君（元平安神宮宮司）が、陛下にこう話しかけるという場面がありました。

「陛下は平和に対して大変ご熱心です。戦後、平和の尊重を叫ぶ平和主義者が出てきましたが、陛下はああいう方々に賛同されているんでしょう」

すると陛下は、

「違うよ。その時点で、日本人が一番幸せであればいい。それが一番の願いなんだ」

と答えられたんです。簡単ですが、力強い言葉でした。右翼とか左翼とかいったイデオロギーを超えて、ただ国民の幸せを祈りつづける陛下のお気持ちがにじみ出た、印象深いひと言でした。

陛下が安倍政権に批判的な考えをお持ちなんじゃないか、という憶測をときおり目にしますが、陛下のお気持ちはこのひと言に尽きているように思います。

今後、天皇としての役目を退かれた方に、どのような形で活躍していただくかということも重要ですし、そのことがもっともっと話し合われてもいいと思うんです。そのことについて誰も何も言わないんですが、この国の将来を考えたとき、非常にもったいないことです。

日本はこれだけ長い期間、皇室を大切にしてきたわけですし、皇族の方々というのは一般の日本人に比べてももう少し上品で、穏やかな人たちで、もちろん悪いところもあるでしょうが、いいところもたくさんある。

私はやはりそのよき部分を、後世に残したほうがいいのではないのかな、と思っているんです。

（談）

「平成流」を超えて

岩井克己
（朝日新聞特別嘱託）

「平成流」とは何か

　皇室というと、とかく家族問題などゴシップばかりが真偽入り乱れて面白おかしく取り沙汰されたり、愛国心のよりどころとして持ち上げられたりして注目を集めるというきらいがありますが、私はむしろ、今こそ本格的に「仕組み」の議論をしなければならないと思っています。

　戦後の象徴天皇が昭和から平成へと七〇年余り歩んできて、国民のなかに安定的に定着した面と、かなり変化をとげて流動化しつつある面とがある。次の代にはどんな象徴像を国民は期待するのか。次の天皇、皇后となる皇太子さまと雅子さまはどんな「象徴」を目指すことになるのか。二〇一九年春には近代になって初めての生前譲位が行われることが決まって、皇室は過渡期に差しかかり、皇室制度も大きな曲がり角を迎えて先行きは不透明になっているからです。

　天皇の生前譲位を話し合った二〇一七年の政府有識者会議でも、生前の退位は是か非か、その際の法律は現行法の皇室典範を改正するのか特例法で一度限り認めるのかという議論ばかりで、憲法第一条に規定される「日本国の象徴であり日本国民統合の象徴」としての天皇とはそもそもなんぞやという、天皇陛下が投げかけられた真摯な問題提起について本格的に掘り下げた議論は十分には尽くされませんでした。

ひょっとしたら、象徴天皇というものが定着し、それほど真剣に考える対象でなくなっているということなのかもしれません。しかし、この流動化の時代のなかで、将来の天皇、皇后も国民も戦後に確立した象徴天皇制のパラダイム、プリンシプルに無自覚になれば、皇室が政治・外交に踏み込んだり、政治が皇室を利用しようとしたりすることにブレーキがかからなくなり、「象徴」の矩《のり》を超えて大きな禍根につながりかねないと思います。

私は平成一〇年に書いた「平成流とは何か」（年報・近代日本研究20）という論文で、戦後昭和がおわって現在の天皇になってから、宮中行事や拝謁、政治家による内奏、外国訪問などの活動が、それまでの自制的な運用から積極的・能動的運用へと、いかに変化したかを定量的・定性的に分析しました。

例えば自衛隊との距離感です。天皇が「大元帥」だった戦前の反省から平和憲法の下では天皇は常に一定の距離を置く姿勢を保っていました。国賓歓迎行事で儀仗隊閲

兵は迎賓館で行い皇居では行わない、天皇は賓客の閲兵にも加わらない。昭和四八年、防衛庁長官の内奏の際に昭和天皇が、

「国の守りは大事なので、旧軍の悪いことは真似せず、よいところは取り入れてしっかりやってほしい」

と述べたことを増原惠吉長官が明かして、当時の自衛隊法などの国会審議を前に「勇気づけられた」と語った時は「天皇の政治利用だ」「戦前回帰だ」などと大問題になり、長官辞職につながったことがあります。昭和天皇は「これではもうはりぼて（の人形）にでもならなければ」とぼやいたと言いますが、つまり昭和の時代は、それくらい神経をつかい自制的な運用がされていた。政・官・財と天皇の関係というものが全般的に厳しく問われていたからです。

制服組の拝謁も年に一度の高級幹部会同の時に限られていた。

ところが、平成になってからは国連平和維持活動（ＰＫＯ）に派遣された制服自衛官百数十人を宮中に招き、天皇・皇后が直接ねぎらうということまでやっている。昭和の時代だったら高級幹部会同の際に代表者にねぎらいの言葉を述べるにとどめたと思います。個別任務までやっていたらきりがないし、「天皇の閲兵だ」という批判も

予想されたからでしょう。

元「大元帥」の昭和天皇と違って、いまの両陛下がやってもそれほど刺激的ではないし、そんな批判も表面化しなかったのですが、このようにたがが外れていくと、さきざき武装した自衛隊が危険な任務で海外に派遣される時代になったら、戦前の軍旗親授式みたいに隊旗授与式までやって、万一犠牲者が出たら靖国神社に祀って天皇が参拝するという戦前の姿に逆戻りして行きかねない。

戦後に定着していた「矩」を超えることには、そんな危うさもはらまれるのを意識しておいたほうがいいと私は思っているのです。

ビデオメッセージと決死隊

戦後昭和の時代には政・官・財との間にも、一般国民との間にも一定の距離感があったけれども、平成になってぐっと親しく接する機会が増えた。つまり平成になってから「象徴天皇」は消極的・受動的な姿勢から積極的・能動的姿勢へと大きくハンドルを切ったということなんです。

平成の天皇が「天皇は国事行為のみを行う」という憲法上の建て前とは別に象徴天

皇の活動を飛躍的に増やす転換点となったと感じたのは、阪神・淡路大震災の時でした。発災直後の現地に飛び、担当大臣はもちろん被災地の知事、地震予知連の会長まで続々と宮中に呼んで報告を求めた。昭和天皇の時代だったら、長官、侍従ら側近、事務方を通じて話を聞き、現地入りは現地が落ち着いてからだったでしょう。東日本大震災のときは宮城県、岩手県、福島県の被災地を訪れ、現地関係者との会食では知事、県議会議長らとともに宮城で統合任務部隊指揮官、岩手で陸上自衛隊第九師団長も同席させた。のちには事故対応が続く福島第一原発の吉田昌郎所長まで呼ぶことも検討されたようです（実現はしなかったが）。福島第一原発三号機が爆発して、社会的なパニックになりかけた時には自らビデオメッセージを発表した。警察、消防などとともに真っ先に自衛隊を挙げて関係者をねぎらい、各方面に「よし、やろう」という空気感が漂い、消防の放水車が入り、自衛隊のヘリが飛んで原発に水をかける、「決死隊」が組織された。

もちろんそれは象徴としての使命感と善意・誠意から出た行動であっただろうし、国民の一体感、団結心も高まった。半面、天皇としてやるべきことはどこまでで、やってはいけないのはどこからかという線引きが曖昧になり、あたかもかつての「統治権の総攬者」のように映った面は否めません。象徴としての矩を超えてはいなかったのか、ということなんです。

サイパン、パラオ、フィリピンなどの海外の戦地を自らの意向で訪れるのも、「元大元帥」の昭和天皇の時代であれば生々しすぎて、とても考えられないことでした。あくまで災害お見舞いや鎮魂・慰霊のケースに限られ、それは「象徴」としてふさわしいからだというのであれば、今後のためにもその点は明確に確認しておくべきではないかと思うのです。

平成一四年に黄海で北朝鮮と韓国の警備艇が銃撃戦となり、韓国軍兵士が亡くなった直後には、日韓共催ワールドカップ・サッカー閉会式のため来日した金大中大統領に対して、天皇が「お察しします」とお悔やみを述べたことを宮内庁は公式に発表しました。象徴天皇が国際軍事衝突にまで言及するのが果たして適切なのかどうか。あくまで個人的社交というのであれば非公表とすべきではなかったのか。当時の宮内庁幹部のなかには「あれは、あくまで個人的な会話で、発表すべきではなかった」という反省の声もありました。象徴天皇の外国親善という公的行為は平成になって飛躍的に増やされました。今後の運用のルールを明確にするためにも、本格的に議論し、線引きをわかりやすく設定してゆくべきでしょう。

「平成流」という呼び方は私が平成一〇年の論文で初めて使ったと記憶しますが、現天皇、皇后両陛下はご自分たちの立場と務めに対する真摯な気持ちから、この三〇年間、象徴天皇のあるべき姿を模索し、行動してこられたと思います。ただ、それには戦後昭和の時代に定着していた自制的な枠組みを乗り越え崩してきたという際どい面もあったのであり、国民はそれをよく意識して見なければいけない、と私は考えるようになりました。いずれにしろ「これほど様々な場面に天皇が顔を出し関わりをもつ必要があるのだろうか」と疑問に思っていたのです。

ただ、「平成流」のなさりようについてずっと危惧を抱えていたのが「こういうお考えに基づくものだったのか」と何かすとんと腑に落ちたのは平成二八年の八月八日、天皇が国民に向けビデオで語りかけた「象徴としてのお務めについて」のおことばを聞いた時でした。

絆と連帯の象徴

国民の幸せを祈る存在である象徴天皇にとって、国民一人ひとりの悩み苦しみを心から受け止め理解せずして、祈りには実《じつ》が伴わない。だからできるだけ多くの国民に直接会って触れ合い、悲嘆と苦境に沈む人、忘れられがちな人たちにも直に会う。それをやるのが象徴天皇の務めである、と。

そのために遠く離れた離島にも足を運び、被災地を訪問するのであれば、各都道府県を平等に回る。たとえば東日本大震災の広大な被災地にできるだけ公平にと病を押しても各県の現地を歴訪する。それだけでなく、三・一一の翌日に震度六強の長野県北部地震に見舞われた栄村にも、震災の翌年に訪問しています。そしてできるだけ一人ひとりの被災者に同じ一人の人間として直に声をかける。

戦後の昭和天皇の時代は戦前の反省もあって、超越的でスタティックな、静的な天皇像でしたが、いまの天皇は憲法の範囲内で、どこまでできるかというダイナミックな、能動的な模索をしてきた。「全身全霊」（おことば）で模索をしてきたのだと、理解できたのです。

憲法は大切に守らなければいけないという信念もうかがえる。「おことば」のなかに「社会に内在し」という一節があるように、象徴でありながら一人の人間であり、同時によきシビリアンでもありたい、国民と対等の良き市民でありたいという、両方の思いがある。つまり憲法の国民主権、平和主義という理念を体現したい。だから、天皇自身のなかでは全然矛盾はないし、平成二八年八月の「おことば」でも、そうして接してきた「市井《しせい》の人々」（おことば）に対して「深い信頼と敬愛」（同）をもって務めを果たせたことに天皇の側から感謝を述べられた。すごいことだと思うんです。

憲法にある「天皇は、日本国の象徴であり日本国民統合の象徴」という言葉は、日本語だとあまりイメージがわきませんが、「the symbol of the State and of the unity of the people」と英語に置き換えるとよくわかるような気がします。「unity of the people」には「市井の人々」の間の絆《きずな》・連帯とか地縁血縁とか、なんとなく抱いている一体感、同質性とか気持ちがひとつになった状態といったイメージがあり、天皇は、それを象徴しているというニュアンスです。

退位問題を議論した有識者会議のヒアリングに呼ばれた時、「国民に接し、理解せねば、天皇としての祈りにも内実は伴わない」ということを天皇は言っているのではないかと指摘したら、それを聞いた宮内庁の役人に「岩井さん、以前に書いていたことと違うじゃないですか」と皮肉られたんです。「平成流には危うさもある」と書いていたのに、見方が変わったのか、と。私は「そうなんです。変わりましたよ」と答えたんです。私が以前に危惧していたことは、すくなくともいまの天皇に関しては、杞憂に終わったと思います。

あれだけの公的行為を積み重ねてきたのは、新しい時代の象徴天皇のあり方を全身全霊で模索する姿であって、「おことば」を聞いたことで、おおむね納得できた。それによって「平成流」に対する見方も変わりましたし、高齢になって天皇が象徴としての活動を十全に果たせなくなる恐れが出てきたら生前に譲位すべきではないかという考え方も理解できると思ったのです。生前の退位が一代限りの特例法という、いかにも変則的な形で決まった時、私は「政治も国民も、天皇が考えていることに追いつけていない」という原稿を書いたのですが、天皇がここまで熟慮し行動してきたからこそ、私が「平成流とは何か」と題した論文で危惧したようなことは平成の時代には起こらなかったのだろう、といまは思っています。

「皇室の伝統」の制度疲労

ただ、長く見てきた者から見ると、昭和の時代に定着していた象徴天皇の自制的な運用スキーム（枠組み）が平成の時代にかなり崩れてきたこと、その意味で将来に危うさをはらんでいることも確かです。

また、明治、大正期の神権天皇の時代に制度化された、いわゆる「皇室の伝統」というものもかなり制度疲労してきたことは否めず、流動化していくだろうと思われます。現天皇は自ら生前の譲位や火葬による葬儀や築陵の簡略化など、明治・大正の時代に編み出された「伝統」的儀式・行事の改革を提起しました。祭祀などこうした「伝統」行事を受け継ぎつつ、他方で多くの人々と接する公務なども抱える現在の皇室という環境に対し、皇太子妃は「適応障害」を起こしています。

憲法に対する深い理解の上に立ちつつ、「人間天皇」として「人々」の中に分け入って「国民につくす」ために積み重ねてきた途方もない努力は、いまの天皇・皇后だからできたという属人的な面もある。今後、長い歴史のなかで皇室が「伝統」と新しい時代相のはざまで「国民を思い、国民のために祈るという務め」（おことば）をどのように「途切れることなく、安定的に」（同）継承し果たしていけるのか。政・官・財の思惑に巻き込まれることなく、高い見識をもって人々の期待に応えていくことができるのか。次の天皇・皇后の課題は難しく、責任は重いと思います。

どう説明責任を果たすのか

来年、即位する皇太子ご夫妻に話を転じましょう。

いま五〇歳台のご夫妻は当然ながらまったくの戦後世代で、高度経済成長真っ盛りに生まれ、バブル経済時代に成年になりました。戦争も戦後の貧窮時代も体験していないし、そこから這《は》い上がり、立て直そうと皆がもがいていた空気も知りません。

そうした世代としては「知らない時代のことはわからないから仕方ない」という考え方と「知らないからこそよほど学ばないといけない」という考え方とがあると思います。疎開世代の現天皇・皇后が積み重ねてきた平和への思いをどう受け継ぐのか。想像力と切実感が問われていくでしょう。「昭和は遠くなった」とはいえ、皇室が「もうそんな過去にとらわれる時代ではない」と言ってすますわけにはいかない。全国戦没者追悼式や沖縄慰霊の日など過去の反省の継承についてどのような役割を自らに課していくのか。父天皇が始めた海外も含む戦地での慰霊をどう引き継ぐのか。新天皇・皇后のなさりようはどのようなものになるのかは、まだ見えてきません。

もちろん戦争と平和についてだけではありません。高齢化問題、障害者福祉、ハンセン病患者や水俣の有機水銀中毒患者など重い病気に苦しむ人たち……こうした置き去りになりがちの人々に光を当て、心から慰藉《いしゃ》するにあたり、どのような覚悟、持ち味で取り組んでいかれるのだろうか。立太子から二七年、結婚から二五年になりますが、この一五年間は雅子妃が皇室への「適応障害」を抱えて宮中行事、祭祀や勤労奉仕団会釈など一般国民とのふれあいを避け続けるなど、ご夫妻の活動が機能不全を続けてきたことは否定できない事実です。即位を目前にしても、まだ快復の見通しは立っておらず、現天皇・皇后のような活動ぶりは難しいかもしれない。

そうしたハンディを抱えていることについて「引き続き温かく見守ってほしい」と繰り返すだけでなく、どう説明責任を果たし理解と共感を求めつつ乗り越えていくのかも問われることになるでしょう。

ここ数年、皇太子は日本国憲法に対する姿勢や皇室のあるべき姿について、父天皇の基本姿勢を受け継ぐことを会見などで繰り返し表明している。

「今日の日本は、戦後、日本国憲法を基礎として築き上げられ、現在、我が国は、平和と繁栄を享受しております。今後とも、憲法を遵守する立場に立って……」（平成二六年）

「過去の天皇が歩んでこられた道と、そしてまた、天皇は日本国、そして日本国民統合の象徴であるという憲法の規定に思いを致して、国民と苦楽を共にしながら、国民の幸せを願い、象徴とはどうあるべきか、その望ましい在り方を求め続けるということが大切であると思います」（平成三〇年）

ただ、次世代としての自らの言葉、つまり自らの個性、感性による具体的で切実な言葉で国民に伝わっているとまではまだ言えないように思います。

この一年間で生前譲位などにより皇位継承儀礼、将来の大喪の変革など制度的な激変がありました。眞子内親王の婚約内定、典子、絢子女王の結婚で皇族の減少はいよいよ現実化しています。明治以来、「万世一系」と謳《うた》われ一貫してきた男系の皇位継承を守るのか、それともそれを根底から覆して女系継承の容認へと舵を切るのか。あるいはいわゆる「女性宮家」を認めるのか。それらに皇室としてどう対処するのかも問われていくでしょう。

二〇一九年春、新しい皇室はいわば「海図なき航海」に出航することになる。そして、その舵取りや運用スキームをどう形成して行くのかはまだ見えてきません。新天皇・皇后や、その後の代の継承者として大きな役割を担う皇嗣宮家となる秋篠宮家。それぞれを支える側近体制も、よほどしっかりしたものでなければならないでしょう。これまでのように数年で入れ替わる官僚ＯＢだけでは乗り切れないように思います。

平成から次代以降へかけては、皇室がどのような姿に変化していくかの過渡期、曲がり角に差し掛かっており、きわめて重要な時期になるでしょう。

昭和の時代から現両陛下の道のりを見続けてきた者としては、象徴としての天皇、そして皇后という重責を担うことの厳しさは生易しいものではない。確実にやってくる多くの試練を乗り越えて、皇室が「国民統合の象徴」として新しい時代を「国民と共に」切り開いていってほしいと祈るような思いです。

（談）

神々しいお二人との対面

檀ふみ（女優）

「きしや好み」

「きしや好み」といえば、着物好きには知られた言葉です。「銀座きしや」は大正一三年に創業した老舗の呉服店で、美智子皇后がごひいきにされていたことで知られています。いまは経営者が変わって、屋号だけが残っていますが、母も私も以前はときどき、きしやで着物や帯を見立てておりました。

独特の淡く優しい色合いに優美な柄で、これ見よがしなところはひとつもなく、うっとりするほど素敵なお着物なのに、あとからどんな柄だったか、すぐには思い出せないほど自然で上品なイメージです。

母はお着物姿の美智子さまがテレビに映ると、「あの帯、いいわね。おきれいね」とため息をついていました。

一〇年ほど前、はじめてお目にかかった天皇陛下と美智子皇后は、神々しいとしか表現のしようのない存在感を放つ一方で、無用な緊張を強いない柔らかい雰囲気を作ってくださる気遣いもお持ちで、本当に素晴らしいお二人でした。

両陛下との接点は、サントリーホールにクラシックのコンサートを聴きに行ったときなど、バルコニー席にお座りになっている姿を遠くから拝見したことがあるくらいでしたが、初対面でもさして緊張することもなく、あっという間に時間が過ぎていきました。

よく覚えているのは、お招きいただいた御所の御居間で天皇陛下が座っておられた席の後ろに大きな窓があり、お庭に植えられた黄色いユウスゲの花の群れが揺れていたことです。

「こちらをお見せしたかったんですの」

と美智子さまは柔らかに微笑まれ、そう仰いました。

日めくり万葉集

平成二一年の一月から、ＮＨＫの「日めくり万葉集」という番組で朗読を担当いたしました。

放送が本格的にスタートする前、その導入になる番組をつくることになって、ディレクターから「檀さんのお好きな歌も、二、三あげていただきたいんですけど」と言われたのですが、そこではたと困ってしまいました。そもそも万葉集の歌なんて中学、高校の教科書くらいの知識しかなく、三つくらいしか知らなかったんです。

その数少ないひとつに、父・檀一雄が教えてくれた歌があります。

あしひきの山鳥の尾のしだり尾の　長々し夜をひとりかも寝む

父は見かけによらず子煩悩な人で、家にいるときは必ず、兄、私、妹の三兄妹を風呂に入れてくれました。私がまだ小学校にあがったばかりだったと思いますが、寒い冬の夜、父が風呂場で、「あしひきの〜」とこの一首を読みあげ、その意味を教えてくれたことがありました。それから五〇年が経ったいまも、脳裏に刻まれている一首です。

ともあれ、番組は毎回二人の監修の先生についていただいて、それぞれの歌の正しい読み方、さらにその歌の歴史的な背景などを伺いながら、進めていきました。

誤解されてる！

番組がスタートして半年ほど経った初夏のころ、事務所から、「宮内庁の方からご連絡をいただいた」と電話がありました。

「これはいたずらではないと思うんですけど……。

天皇皇后両陛下の侍従の方から、檀さんをお茶にお呼びしたいので、七月一六日のご都合はいかがですか、と」

御所へのお招きは、選者として番組に何度か登場されていた作家のリービ英雄さんもご一緒だと聞いて、ああこれは万葉集のことだ、とすぐに気が付きました。同時に、両陛下はすごく誤解されていらっしゃるとも思ったのです。次の収録のとき、番組制作の人たちにも相談してみました。

「天皇皇后両陛下からお招きを受けてしまったんですけど、私なんにも知らないのに、万葉集についてお尋ねになられたらどうしましょう！　どうしましょう！」

でも、実は私、けっこう図々しいところがあるので、そのうち開き直って、覚悟を決めました。

「では私は、全国民を代表してお二人のお好きな一首を聞いてまいります。こちらがなんにも知らないということは、もう覚悟して」

お招きは午後七時半という、遅めの時間でした。「お茶を」というお話でしたので、お腹がぐうと鳴らないように早めの夕食をいただいて、景気づけにほんの少しだけワインも飲んで、皇居に向かいました。

事前に「坂下門から入ってください」と伝えられてはいたのですが、それらしき門に行こうにも、どこもポールが立って柵になっているうえ、ものものしい警備員さんがいて、門まで近づくことさえできないんです。指定された時間はどんどん迫ってくるし、入れそうな門を探して、車で皇居の周りを一周しました。焦って事務所に電話し、再度門の場所を確認したんですが、それでもわからない。

仕方がないので警備の方に声をかけ、「坂下門はどちらでしょう」と伺ったら、そのしっかりしたポールをサッと引き抜いて、門まで誘導してくれました。そこから宮内庁の西玄関に案内され、そちらに乗ってきた車を停めました。

リービ英雄さんはもう御所でお待ちということで、宮内庁の職員の方の運転する車に乗せられました。

どの道をどう進んだか全然わかりませんでしたが、皇居のなかをぐるぐる回って、天皇皇后両陛下の居宅である御所の正面玄関の前で車を降りました。整備された道が、御所に近づくにつれ砂利道になったのか、急に車ががたがたと揺れたことを覚えています。

ふかふかの絨毯が敷きつめられた長い廊下を通って、案内されたのはなんの変哲もない一〇畳くらいのお部屋で、大きなお皿と、岩のようなオブジェが飾られ、むしろ質素に感じたほどでした。真ん中にテーブルがひとつ置かれただけで、ほかにはソファもなにもありません。その簡素さに驚かされました。

ユウスゲの花

「こちらをお見せしたかったんですの。陛下がむかし、軽井沢から移植されたユウスゲ。こんなに増えたんですのよ」

この日、天皇陛下はスーツにネクタイをされ、皇后さまはロングのワンピースを召されていました。

皇后さまの言葉に導かれて、窓の外に目をやると、黄色い小さなユウスゲの群れが庭園灯に照らされ、風に揺れています。

「さっきまで、月も見えていたけどね」

と天皇陛下。まるで、万葉集の世界に迷い込んだようです。

この日は暑くて、私はストッキングを履かずに、ストラップ付きのサンダルという格好だったのですが、場違いだったかもしれないと少し後悔しました。

意外なことに、お盆に載った軽食も出て、両陛下もそれを召し上がりながらの歓談となりました。食事は、お寿司のような簡単につまめるもので、お酒は出ません。

「あの番組、いつからやってらっしゃるの？　気づいてからは、朝の散歩から走るようにして帰って拝見していますのよ」

美智子さまの言葉に、天皇陛下もニコニコと頷かれています。

「日めくり万葉集」はＮＨＫ教育テレビで月曜から金曜の早朝に放送していましたが、それに一年先行してＢＳハイビジョンというチャンネルで朝六時五五分から放送していました。

両陛下はほぼ毎日六時ごろ起床され、七時ごろまで散歩をされる習慣と伺いましたたが、日めくり万葉集の放送に気づかれてからは、散歩を終える時間を少しだけ早められたようです。

「歌をお読みになるとき、それぞれに句の切り方を違えてらっしゃらない？」

美智子さまの、このお尋ねには驚きました。それまで歌の朗読を褒められたことはあっても、句切れについて指摘された人は誰もいなかったですし、万葉集を朗読するにあたって私がもっとも気を遣っていたのが、まさにその点、句の切り方だったからです。

万葉集では五、七、五、七、七のどこで句切れを入れたらいいか、正確に歌を解釈していないと難しいんです。番組の収録では、二人の監修の先生に立ち会っていただいていましたが、歌によってはどこで区切るか解釈の定まっていないものもあり、非常に神経を使っていました。たとえば、山上憶良《やまのうえのおくら》が詠んだ有名な歌、

銀《しろかね》も金《くがね》も玉もなにせむに優《まさ》れる宝　子に及《し》かめやも

これなどは、「なにせむに」の後ろで切れば、「銀も金も玉も何になろう、優れた宝

も子供に及ぶものか」となりますが、「なにせむに」の前で切れば、「なにせむに」が「子に及かめやも」にかかり「どうして優れた宝である子供に及ぼうか、我が子以上の宝はない」ということになります。

微妙な違いですが、万葉学者にとっては大きなことのようで、撮り直しになったことさえありました。

美智子さまご自身、児童書の朗読をされているということもあるのでしょうが、その耳と感覚の鋭敏さに驚嘆するばかりでした。

だけど、圧倒されてばかりではいけません。

思い切って、両陛下にそれぞれ万葉集のなかでもっともお好きな歌をうかがうと、美智子さまは天皇陛下のほうに視線を送られました。

陛下は「うーん」と少しだけ間を置かれ、

東《ひむがし》の野に炎《かぎろひ》の立つ見えて　反《かへ》り見すれば月傾《かたぶ》きぬ

と、小さく歌うように朗誦されたあと、

「むかしは野を『ぬ』と言ったけどね」
と付け加えられたのです。私も大好きな歌です。
美智子さまはお好きな歌がいくつもあってなかなか絞りきれないご様子でしたが、
次の二首を挙げられました。

たまきはる宇智の大野に馬並《な》めて　朝踏ますらむその草深野《くさぶかの》

天の原振り放《さ》け見れば大君の　御寿《みいのち》は長く天足《あまた》らしたり

そのうちの「たまきはる」について、

「とてもきれいな歌でしょう。中皇命《なかつすめらみこと》という方のお歌なの。なんだか男の人の名前みたいだけど」

と、「天の原」については、

「（当時は）言葉の力っていうか、言霊を信じていたんでしょうね」

と解説されたのです。いずれも天皇をお慕いする歌ですし、とりわけ「たまきは

る」は、昭和三四年のご成婚前日に歌われた、

たまきはるいのちの旅に吾を待たす　君にまみえむあすの喜び

を思い起こさせます。

「うち」「いのち」「世」などにかかる「たまきはる」という枕詞がお好きなのかも知れません。

清子内親王命名の秘話

昭和四四年にお生まれになった長女・紀宮清子内親王（現・黒田清子さん）の命名秘話も伺いました。美智子さまは、

「（万葉学者の）五味智英先生（元東大教授）のご講義が面白くて、結婚前から十何年か習ったんです。そのときのメモがないかと探していたら、こんなものが出てきたの」

と仰って、万葉集巻六の九一七「紀伊国に幸せる時に、山部宿禰赤人が作る歌」の

コピーを見せてくださいました。そこに、

沖つ島　清き渚に　風吹けば　白波騒き

という一節があって、ここから「紀」と「清」をとって紀宮清子《きよこ》内親王というお名前が候補に挙がったそうです。それを美智子さまは、

笹の葉はみ山もさやにさやげども　我は妹思ふ別れ来ぬれば

という歌から、「さやこ」という読みにしてはと望まれたというのです。

「さやにさやげども、という響きが好きだったものですから」

と明かしていただきました。清子さまの名前の出典が万葉集であることは公表されていますが、「さやこ」という読みの由来はあまり知られていないように思います。

そんなお話の流れのなかで、天皇陛下が突然、

「この人（美智子さまのこと）はね、テニスの最中に歌を考えたりして困るんだよな」

と仰ったのです。

「陛下、そんなことを仰ってはいけません……」

と美智子さまは少し慌てておられましたが、陛下によると、美智子さまはテニスの最中でも、いい歌が浮かべば「五、七、五……」と指を折りはじめるそうです。

両陛下をはじめ皇族の方々は毎年新年の歌会始に御歌を発表されるわけですが、おそらくテニスをされていても、地方に行幸されても、つねに作歌のことが頭から離れないのではないかと想像します。

この日の話題は言葉に関することが中心で、両陛下の小学校時代の国語の教科書のお話も伺いました。

昭和八年生まれの天皇陛下は尋常小学校に通われ、九年生まれの美智子さまは学制が変わり目の年で国民学校に通われたため、お使いの国語の教科書が違っていた、というお話でした。

ちょうど文語から口語での教育に移行された時期で、天皇陛下のときは「学校」を「ガクカウ」と表記され、美智子さまは「ガッコウ」だったこと。

陛下のときは「春の小川はさらさら流る」、美智子さまは「春の小川はさらさら行くよ」と教わったそうです。

「でも、『さらさら流る』のほうがきれいでしょう」

と美智子さま。

そのほかのお話も、印象深いものばかりでした。いま、当時のメモを見返すと、美智子さまのこのようなお言葉が書き残してあります。

「ブラジルは何度か訪ねているのだけれど、日系一世と二世とでは話す言葉が違ってきてしまって、心が通じ合わないことがあって、それが切ないの」

「『切ない』って英語に訳すのが難しい。でもポルトガル語にはあるんですってね。『サウダージ』って」

「聖心時代、シスターが毎日黒板に英詩を書いて、それを暗誦させられたから、バスで口をモゴモゴ動かしている学生がいたら、それは聖心の生徒なのね（笑）。いまだにその詩が口をついて出てくるの」

食事が終わり、デザートに出たサクランボの食べ方も、教えていただきました。

「サクランボはね、ここにこうして種をお出しになって」

食べ終わったサクランボの種を口から吹き出すのはみっともないし、指でつかむと汚れてしまう。美智子さまはテーブルの上にあった懐紙を筒のように丸めて、それを口元に寄せ、そのなかに種をふっと吹き出す方法を実演してくださいました。

サクランボにそんな上品な食べ方があるなんて、初めて知りました。

本当に貴重な、心に響くお話を次々に伺って、私はもう一度、蛮勇を振るって美智子さまにこう申し上げました。

「私の母が、美智子さまが詠まれた歌にとても感動して、涙が出たと申しておりました」

「どの歌のことかしら？　では、お母様に歌集をお送りしますね」

美智子皇后は、その道の第一人者からも「技芸すぐれた歌詠みでいらっしゃる」と非常に高く評価されています。とくに次の一首、

帰り来るを立ちて待てるに季《とき》のなく　岸とふ文字を歳時記に見ず

は震災翌年の平成二四年の新年歌会始で発表された被災者の哀しみを歌った御歌で

すが、近現代の歌人の秀歌一〇〇首を選んだ『新・百人一首』のひとつに選ばれています。それでも美智子さまは、ご自身の歌についてこんなご心境を明かされていました。

「私は芸術家にはなれません。子どものことを詠むのでも、不安は詠めない。どうしても希望を入れてしまう。やっぱり、『何かあったらどうしよう』と思うのね」

美智子さまの御歌は常に希望のメッセージを含んだものというお話を伺って、深く納得したのです。

警鐘を鳴らす人

以前から、両陛下が即位以来積み上げてこられた努力には強い尊敬の念をいだいていました。

実際にお会いする機会をいただいて、よけいにその気持ちが強くなったと感じます。お二人は全国をめぐって国民を励まし、太平洋戦争の激戦地に慰霊の旅におもむき、長く米軍の占領が続いた沖縄にも、繰り返し足を運ばれています。そのうえ、皇居で養蚕や、稲作もされて、日本伝統の産業を大事にする姿勢を示されてもいます。両陛下のお姿に背中を押されて、歯を食いしばって仕事を続けておられる方もたくさんいると思います。

今回のご退位のご決断は、良かったのではないかと私は思います。八〇歳を超えて、こんなに働いていらっしゃるご夫妻はいないと思いますし、もっと早くにゆっくりされても良かったのではないかと感じるくらいです。

画家の安野光雅さんに伺ったんですが、安野さんが皇居のお花を描くために通っていた時期、美智子さまに、「ボクの携帯電話をさしあげましょうか」とお伝えしたことがあったそうです。気楽に、お友だちとお話しする自由があったほうがいいでしょうから、という安野さんなりの配慮なのですが、美智子さまがどうお答えになったかは聞いていません。

とにかく、両陛下は立派すぎるくらい立派な方たちですから、次の世代は大変かもしれませんが、皇太子さまは思慮深く教養の高い方ですし、ご自身のやり方で新しい天皇陛下像を構築していかれると想像し期待しています。

学習院戦

私は、皇太子さまとは六歳違いです。

私が通った東京教育大附属高校（現・筑波大附属高校）は、学習院高等科とスポーツの定期戦をやっていまして、通称「学習院戦」とか、「院戦」と言っています。学習院では「附属戦」と呼ばれているようですが。今年（平成三〇年）で六八回になる伝統の行事なんですが、学生時代、私が後輩の院戦を応援に行ったとき、皇太子殿下も応援に来られていたことがありました。

当時私は「連想ゲーム」に出演したり、その世代の方には割合知られていたものですから、少しは注目されたのだと思います。そのとき、皇太子さまが、

「檀ふみが来ているんだって」

と言ってらしたと人づてに聞きました。

もちろん、直接言葉を交わすことはなかったんですが、それからずいぶん時間が経って、ある会食の席でご一緒する機会がありました。

一〇人ほどの会だったんですが、殿下はとてもバランスのよい、ユーモアを解され

る方で、楽しいひとときになりました。

ご自身からワイワイお話しになるようなタイプの方ではないと思いますが、伺えばなんでも答えていただけるし、常に人の話を、ニコニコと受け止めてよく聞いてくださって、私はあらためて皇太子さまのファンになりました。なにより、びっくりするほどお酒がお強い！

学習院との「院戦」の話を伺ったらちゃんとそれもご記憶でした。

殿下の魅力的なお人柄は、もっともっと知られていいと思いますし、そのほうが国民も親しみを感じることができるのではないかと思います。

ははそはの母

「日めくり万葉集」のご縁で御所にお招きいただいたあと、お言葉どおり美智子さまから歌集『瀬音』と万葉集のコピーを送っていただきました。

とてもありがたく、もったいないことで、恐縮致しました。

送っていただいた歌集を母・ヨソ子はさっそく熱心に拝読して、感動したという歌に付箋をつけ、さらにその上に御歌を書き写してもいました。

次の一首がそれです。

子に告げぬ哀しみもあらむを　柞葉《ははそは》の母清《すが》やかに老い給ひけり

驚いたことに、それは以前、私が深く感動し心を動かされた歌でもありました。母と娘、同じ歌に涙していたことを知り、息が詰まりました。母は平成二七年に亡くなりましたが、以後、私にとってこの一首は特別なものになって残っています。

天皇・皇后両陛下にお目にかかれることがあるなど夢にも思っておりませんでした。そのきっかけとなった「日めくり万葉集」は私の女優人生のなかでも三本の指に入る大切な仕事となりました。

とても感謝しています。

（談）

喜びの日、殿下が歌った「浜辺の歌」

白石都志雄
（梓室内管弦楽団インスペクター）

「そのとき」に向けて

平成二七年二月二三日、皇太子さまが、五五歳の誕生日を迎えられた日に、次のようなお祝いのメッセージをお届けしました。

「殿下は私にとって、本当に尊い、畏れ多い存在で、リスペクト以外の何ものでもございません。いまは演奏活動は封印しておられますが、もし即位前にもう一度、というお気持ちがございましたら、そのときはすぐに対応できるよう、常に準備しておきますので、いつでもおっしゃってください」

殿下からは、短い返礼のメッセージを頂戴しました。

五五歳という年齢は、現在の天皇陛下が即位された年ですし、ここ数年はとくに「そのとき」に向け心構えをされているという印象を強く抱いていました。

私は学習院大学では二年後輩ですが、入学までに一年寄り道をしているので早生まれの殿下と同じ昭和三五年生まれです。物忘れや体力の低下を実感する年齢ですが、殿下は来年から、より責任の重い立場にのぼられます。

これには畏敬の念しかありませんし、殿下が続けておられる膨大な努力の一端を知る者として、心から尊敬申し上げています。

ヴィオラスペシャル

殿下とはじめて言葉を交わしたのは、昭和五五年夏の学習院大学輔仁会音楽部、一般の大学で言う吹奏楽部の夏合宿のときです。

音楽部の約一〇〇名の学生が三台のバスに分乗し、殿下も一般の学生と同乗して志賀高原・高天ヶ原の志賀パークホテルに向かいました。ふつうの学生合宿と違っていたところがあるとすれば、先導のパトカーがついていたことくらいでしょうか。

このとき殿下は三年生、私は一年で、それまで気軽にお話しする機会はなかったのですが、夕食会場でたまたま殿下がお一人で座っておられ、私を含め一年の男子三名が同じテーブルを囲ませていただきました。

そのときはおそらくピアノの話をしたのではなかったかと思います。殿下もピアノを弾かれますし、私も、同席した友人もピアノを弾く学生でしたので、そんな話をしたのではなかったかと記憶しています。

このときの合宿には週刊誌が密着取材していて、「浩宮さま酒豪伝説」などと記事にしていましたが、実際、いまでは考えられないような愉快なことがたくさんありました。

学生は男女に分かれ、志賀パークホテルの大部屋に布団を敷いてそれぞれ雑魚寝で、殿下もほかの学生と並んでお休みになりました。空いた貴賓室は、音楽部の顧問で指揮者の堤俊作先生がお使いになっていました。

夜の宴会では、「ヴィオラスペシャル」というナゾのお酒が登場。

当時ヴィオラのトレーナーを務めていた鷲津さんという方の特製で、安い日本酒とか、ビールをごちゃ混ぜにしたひどい酒なんですが、殿下もそれを飲んだということが翌朝、我々一年生の間で話題になりました。

私は同席していませんでしたが、堤先生によると、殿下が自室でお休みになったあと、三階の別の部屋で深夜、宴会が始まったそうです。

殿下のお部屋は少し離れていたのですが、宴会の楽しげな声が風に乗って聞こえてきたようで、殿下がベランダ伝いにしのんで宴席に参加されたと聞きました。

殿下はとにかくお酒が強く、酒席でもいっさい乱れることがありません。いつも穏やかに、周囲を和ませるようにされていました。

気の毒なのはＳＰで、部屋の前にふたり、不寝番で立っていたら、部屋で休んでいるはずの殿下が宴席を終え、廊下を歩いて戻ってきたというんですから、面目丸つぶれ。ビックリ仰天したに違いありません。

学習院の音楽部は当時は色々荒っぽいことがあって、新歓コンパでは新入生はみな大ジョッキに入ったビールを一気飲みさせられたあと、当時学習院の構内にあった「金魚池」に放り込まれるという悪しき伝統がありました。私もその洗礼を浴びましたが、殿下も二年前、やはり池に落とされたそうです。

ちなみにその悪しき伝統は私の次の年あたりから廃止されました。

それはともかく、夏合宿も本当にざっくばらんで、朝食のとき、殿下にお茶碗をつきだして「おかわり」と言った先輩がいたりとか、殿下を略して「デン」と呼んだり、あげくのはては「デンデン」と重ねたり、特別扱いしないのがルールとはいえ、本当にいまでは考えられないようなことをしていました。

殿下は四年生のときは合宿に参加されませんでしたし、大学院ではイギリスのオックスフォード大に留学されましたから、音楽部の合宿は三年生のこの年が最後になりました。

卒業後、私は金融機関に就職し、殿下との接点は薄くなりました。

一方、堤俊作先生は学習院音楽部のOB・OGを中心に昭和五八年に「俊友会」というアマチュアオーケストラを結成。春秋と年二回ずつの定期演奏会を開くようになりました。

留学から帰国された殿下も名誉団員として参加され、昭和六二年の第五回演奏会、翌年の第七回演奏会ではヴィオラのソロを披露されています。私もチェロ奏者として、俊友会のメンバーに加えていただきました。

殿下に演奏会にご登場願うのは当時としては大胆な発想で、団員は気後れしていたようですが、背中を押していただいたのは高円宮憲仁親王でした。

バレエ好きの高円宮さまと堤先生はバレエ音楽を通じて非常に懇意にされており、たびたび食事もともにされるような関係でした。

高円宮さまの後押しに加え、天皇陛下（当時皇太子殿下）のご発意で、藤楓協会（ハンセン病の支援団体）に寄附をすることを前提に、コンサートを開くことになりました。ご自身もヴィオラ奏者だった東宮侍従（当時）の富士亮さんのご尽力もありました。皆さまのご助力に、いまも深く感謝申し上げています。

その結果、俊友会の第五回演奏会には現在の両陛下と、寛仁親王ご夫妻に客席にご来場いただきました。

第七回の演奏会ではＷＷＦ（世界自然保護基金）へのチャリティを行い、両陛下と、秋篠宮さま、高円宮ご夫妻にご来場いただきました。

このころの思い出で、もうひとつ、強く記憶に刻まれていることがあります。

殿下と同じ学習院の史学科出身で、同じ安田ゼミに所属し、音楽部の先輩でもあったＫさんの結婚式の二次会が赤坂であり、そこで殿下が歌声を披露されたのです。

二次会はカラオケになり、そこで誰かが当時のヒット曲「氷雨」を選曲したのですが、さすがに結婚式のお祝いで氷雨はどうなんだろうという声もあがり、殿下はなんと、アカペラで唱歌「浜辺の歌」を歌われました。

あした浜辺を　さまよえば
昔のことぞ　しのばるる
風の音よ　雲のさまよ

寄する波も　貝の色も

朗々とした素晴らしい声で、素晴らしい歌でした。

鮮明に耳と脳裏に焼き付いています。

気配りの天才

俊友会でのご活動はメディアにも広く報じられ、反響がありましたが、警備の問題で演奏会へのたびたびのご出演は難しいということになりました。

そこで、公開の演奏会を開くのではなく、我々が御所にうかがって練習をするのであれば警備の問題は生じないだろうと、アマチュアだけでなく、何人かのプロ奏者も参加して昭和六二年に室内管弦楽団をスタートしました。

基本的には月に一度、赤坂御所にメンバー二〇人ほどが集まり、曲目を決めて練習していました。俊友会とも違うし、名無しの楽団というわけにもいかないので、殿下のお印の「梓」をとって「梓室内管弦楽団」としました。

内輪の演奏会としては、平成三年一一月二六日、皇居内の桃華楽堂で演奏会を開かせていただきました。

午後八時からの演奏会が終わった後、両陛下もいらっしゃって一時間ほどの簡単な会があり、赤坂の東宮仮御所（東宮東邸）に場所を移し、宴席が続きました。

こうした宴席での殿下は、気配りの天才で、最高のホストです。オーケストラの新しいメンバーなど、はじめての参加者がいると必ず自ら近づいて声をかけ、孤立されないように配慮されています。どういう方が参加されるのか、事前にほぼ頭に入れ、準備をされていることがよくわかります。殿下と直接交流された方が、みなそのお人柄に魅了されるのも当然と思えます。

このとき、たしか打ち上げの食事におでんを出していただいて、殿下と、

「おでんの大根は美味しいですね」

というような会話をしたように思います。そのとき、私がふとした思いつきで「普段のお昼はどのような食事をされているんですか」とお尋ねしたところ、意外なほど質素な食事をされていることを知りました。

ときには、親子丼のような庶民的なものも召し上がるようです。

その翌年の平成四年六月には、東宮仮御所内でバーベキューの会も催していただき

ました。御所の庭で「ドラゴン」のような小さな花火もあげて、楽しい夜になりました。

殿下は留学されてイギリスの王室のあり方をご覧になっていますから、ご友人とのお付き合いもあまり堅苦しくならず、警備もスマートなものを志向されているように思います。

堤俊作先生は平成二五年に亡くなりましたが、本当に愉快な方で、殿下もときに堤先生のペースに巻き込まれてしまうようなところがありました。平成三年の一一月、人気アイドルの写真集が発売されて大きな話題になっていた時期ですが、堤先生が悪のりして、

「演奏会で札幌に行ったら売っていたから、一冊買ってきて殿下にわたしたんだよ」

と言っていたことがありました。

平成四年の四月二三日には、大阪ご訪問中の殿下が、堤さんの指揮する大阪センチュリー交響楽団のリハーサルに飛び入り参加するという一幕がありました。豊中市のセンチュリーオーケストラハウスを表敬訪問された殿下に、堤先生が、

「今日はたまたまヴィオラ奏者がひとり欠席していまして、楽器はあるんですが、お弾きになりませんか?」

とお誘いし、周囲がエッと思った瞬間に、殿下は立ち上がって舞台に上がっていたそうです。堤先生は、あとで侍従から「今回限りにしてくださいね」ときつく言い渡されたと聞いています。

このとき演奏されたのは、殿下が大好きなチャイコフスキーの「ロメオとジュリエット」でした。殿下のお部屋の譜面台に「ロメオとジュリエット」の譜面があったことを覚えていた侍従が、殿下の思いを知って「想定外」の飛び入りを認められたということのようです。この一件は、新聞でも報じられました。

殿下は本当に音楽がお好きですが、ハイドン、モーツァルトなどバロックや古典派の作曲家のほかチャイコフスキーの曲をとても大事にされています。

このころには、雅子さまとの婚約も大詰めに来ていたようです。

翌年、平成五年のはじめに雅子さまとのご成婚が発表された日も、あらかじめ事情を知っていた人たちは姿をくらまして、マスコミにつかまらないようにしていたようですが、そうとは知らない私はたまたま少し体調を崩して会社を早退し、家で休んでいたら突然NHKから連絡があって、「車を回しますから」と説得され、あれよあれよという間にスタジオに連れて行かれてしまいました。

あれ以降、メディアのやり口はわかりましたので、取材やテレビ出演の話があったときは若手の音楽家などをご紹介するようにしています。

「水運」の研究から「水」の研究へ

私がはじめて雅子さまをご紹介いただいたのは、ご婚約が発表された直後だったと思います。

梓室内管弦楽団の練習のために、仮御所に伺い玄関についたところで、玄関に通じる廊下の奥からお二人が出てこられたのです。

「雅子です」

と殿下からご紹介いただき、その場でご挨拶しました。テレビで流されている映像をナマで鑑賞するような状況でした。

雅子さまは透きとおるような白さで、とても健康的な、ふんわりした暖かい空気に包まれていました。私はそのとき、何故か、映画「ローマの休日」のラストシーン、ヨーロッパ某国の王女を演じたオードリー・ヘップバーンのことを思い出していました。

雅子さまには、その後も数回お会いしています。健康的な印象は変わりませんでしたが、ご病気になられたことは意外です。以前は退任する侍従の送別会で、青山のドイツ料理店で食事をされるような機会もあり、「シュバインハクセ」というアイスバインのローストを気にいって召し上がっていたというようなお話も伺っていました。徐々に健康を回復されているようですので、皇后さまとなられてからのご活躍が楽しみです。

殿下が「水」の問題をご自身のテーマとして考えられるようになったきっかけは、昭和六二年に訪問されたネパールで見た光景だったと伺っています。

このときに受けた強い印象を、殿下はのちのご講演で自ら撮影された写真を示し、こう話されています。

〈(写真は)ネパールのポカラを訪れた際、サランコットの丘付近で撮影したものです。水を求めて甕を手に、女性や子どもが集っています。ご覧いただくように、水は細々としか流れ出ていません。「水くみをするのにいったいどのくらいの時間が掛かるのだろうか。女性や子どもが多いな。本当に大変だな」と、素朴な感想を抱いたことを記憶しています〉（第一回アジア・太平洋水サミット開会式記念講演）

殿下は学習院大学で史学科に在籍されて瀬戸内海の水運について学ばれ、留学先のオックスフォード大でもテムズ川の水上交通史を研究されています。研究のため、山口県の佐波《さば》川にも足を運ばれたこともあると聞いています。佐波川は鎌倉時代、東大寺を再建するための材木を切り出し、それを「関水」という水路を作って運んだ起点となった場所で、いまもわずかにその遺構をとどめています。

学生時代に研究された「水運」と、素朴な暮らしのなかの「水」、近年世界的に繰り返される「水害」。

殿下が、ご自身のテーマとして「水」を選ばれたのは、こうした問題意識からでした。

とくに私が印象深く拝読したのは、平成二〇年のスペイン・サラゴサ国際博覧会でのご講演です。

そのなかに、セルバンテスの名作「ドン・キホーテ」を踏まえたこういう一節があります。

〈今回の訪問で、私もラ・マンチャの丘に並ぶ風車を見てきました。もはやかつての役目を終えた白い風車の一群は、強い日差しが照りつける赤土の大地にひっそりと立ち並ぶばかりでしたが、よくよく見ると、その翼は巨人の腕にも思えてくるような気がし、これらの風車が、セルバンテスの生きた時代に活躍する姿が瞼に浮かぶのを感じました〉（「水の論壇」シンポジウムにおける特別講演）

この講演では古今の文献を縦横に引用され、線や面どころか、３Ｄ、４Ｄのような視線の広がりを感じます。非常に長期の視点をお持ちで、悠久の時の流れを感じる論文です。

その一方で、引用した一文のようにきわめて文学的で格調高い表現も多く、拝読してため息が出ました。

ドン・キホーテには、俊友会管弦楽団との縁もあります。第七回の演奏会を終えたあと、「次はリヒャルト・シュトラウスの交響詩ドン・キホーテを演奏してみましょうか」という話が出たことがあったのです。

この曲は、チェロとヴィオラの独奏が多く、それぞれドン・キホーテと従者のサンチョ・パンサを表しています。つまり、殿下に主役になっていただこうという選曲だったのですが、そのときは時間もなく、実現できませんでした。

私はこのサラゴサでの講演を拝読して、ドン・キホーテに込めた殿下の色々な思いを感じ取れるように思いました。

水車に戦いをいどんだドン・キホーテについて、殿下はこう表現されています。

〈ドン・キホーテの無鉄砲さを笑うと同時に、水の力強さや怖さを改めて実感する場面です〉(同)

いま、日本では毎年のように多くの水害を経験し、水の怖さを感じることが多くなっています。殿下の視点は、人間の力で治めきれない水の圧倒的な力にも及んできているのです。

平成二三年のあの巨大な災害——東日本大震災の三ヵ月後、殿下と雅子さまは宮城県の被災地を慰問に行かれました。そのときのお気持ちを、のちにうかがったことがあります。私が「世界観が変わりましたか？」とお尋ねしたところ、仙台空港や閖上《ゆりあげ》浜など、被災地を実際にご覧になって強い印象を受けられたことを語っていただきました。

準備を重ねて

雅子さまとのご結婚のあとも、梓室内管弦楽団の活動は続けておられましたが、平成一三年に愛子さまがお生まれになってから、雅子さまのご体調もあり、数年間活動を封印されることになりました。

堤先生の熱心なお誘いもあり、ようやく再開されたのは、平成一九年の初めのことです。

それまで、殿下との連絡係は別の同級生だったのですが、私が後任を務めることになり、以降はより頻繁にご連絡をさせていただくようになりました。

連絡が密になるなかで、練習の前々日に曲目について〝再確認〟のお尋ねをいただいたこともありました。

おそらく殿下は毎回、練習日の前にじっくり譜面をご覧になって、準備されてから臨まれていたのだと思います。前回集まったとき、「次回はバッハのブランデンブルク協奏曲第三番をじっくり丁寧にやりましょう」という話で解散になっていたのですが、ほかの曲も準備しておかなくてよいのか、少し不安を感じられたのではないでしょうか。細かいこともけっしておろそかにされないのは殿下のお人柄です。

殿下が演奏活動に復帰されたことで、もっとも喜んだのは堤俊作先生でした。私は堤先生の意向を受けて「俊友会」などへのご出演の打診をするわけですが、殿下は警備のことや、公務との兼ね合い、時期など総合的に判断されていますので、そう簡単にはいきません。

それでも何度かは、堤先生の提案が実現したこともありました。

平成二〇年六月には、愛子さまに本物のバレエをお見せしようということで、赤坂御所内で我々梓室内管弦楽団がバッハの管弦楽組曲を演奏し、新国立劇場のバレエ研修所、そして牧阿佐美バレヱ団のダンサーの方との共演が実現しました。これは牧阿佐美先生のご厚意によるものです。

残念ながら雅子さまの体調不良でお二人のご出席はかないませんでしたが、御所のなかでバレエを披露したのは画期的だったと思います。

この年の秋に牧阿佐美先生が文化功労者に選ばれたこともあり、翌年の四月四日に雅子さま、愛子さまを伴って牧先生がバレエ部門の監督を務めていた新国立劇場での公演「こどものためのバレエ劇場　しらゆき姫」に足を運ばれています。愛子さまは、このとき生まれてはじめてバレエをご覧になったそうです。

交響曲第九番

平成二一年、梓室内管弦楽団にとって大きな転機がありました。私の前に長く殿下との連絡係を務めてくれていた学習院音楽部の同期の松尾という男がこの年三月、急逝したのです。

その直後、内廷係の方から連絡をいただきました。

「殿下がお話があるというのですが、いま大丈夫ですか」

話の内容は、この年五月一〇日に予定されている俊友会の次回の公演に、殿下が急遽出演されるご意向とのことでした。演目はベートーヴェンの第九交響曲でしたし、松尾への追悼のお気持ちがあり、出演を決断されたことは間違いありません。

私は警備のことが頭をよぎったので、

「ひとつ、できないことがございまして、会場は変更できないのですがこのままでも構いませんでしょうか」

そう申し上げ、快くご了承いただきました。すでにチケットの販売が始まっていましたので、警備の方の席が十分にとれない恐れがあったのですが、殿下はそれを察知して、先回りして配慮をしてくださったのです。

俊友会への出演はずっと封印されてきましたが、じつに一三年ぶりになりました。会場は池袋の東京芸術劇場でしたが、殿下には事前のリハーサルにも参加していただき、本番では実に確実な、充実したヴィオラ演奏を披露していただきました。終演後、隣接するホテルで行ったレセプションにも予定の一時間を超え、一時間半もお付き合いくださいました。

出演したオケ、そして合唱団のメンバーの多くが殿下とお話しする機会をいただき、なかには「これで冥土の土産ができた」と殿下の目の前で口にするオールドメンバーもいました。

殿下の義理堅さと言えば、両陛下のご即位祝いの会を計画されていたという秘話があります。平成二一年の正月にお目にかかったときのことです。私が、

「陛下のご即位二〇周年、ご成婚五〇年おめでとうございます」とご挨拶したところ、殿下は「ありがとう」と仰ったあと、我々の楽団員への「出演要請」をされました。

殿下は天皇陛下、皇后陛下を東宮御所にお招きし、ご家族だけの内輪のお祝い会を持ちたいと考えておられたのです。

堤先生、梓室内管弦楽団のメンバーと相談を繰り返し、殿下がヴィオラを、堤先生がコントラバスを担当され、プロの演奏者七名を加えてモーツァルトのディベルティメントなどの演奏会が実現しました。

平成二三年には皇后さまとの演奏会も企画されていました。曲目はモーツァルトのピアノ協奏曲第二三番第二楽章で、皇后さまにピアノを演奏していただくことになっていました。

平成二三年の三月一七日に赤坂御所に両陛下をお招きし、会を開くことに決していたのです。

しかし、その六日前——あの震災が起きたのです。会は中止となり、以後は、梓室内管弦楽団の活動自体、いまに至るまで封印されています。殿下のとくにお好きなバッハのブランデンブルク協奏曲第六番、この曲はヴィオラとチェロ、そしてコントラバスだけの編成で、主旋律をヴィオラが演奏するという不思議な楽曲なのですが、その演奏も実現しないままです。

「仰っていただければいつでも準備しますので」とはお伝えしているのですが、やはり難しいようです。

殿下は常に、国民全体の幸福、両陛下への感謝、さらにはご家族へのいたわりをご自身のことに優先して考えられる方です。

平成の最後の一〇年間、日本は大きな災害に連続して見舞われましたが、殿下は目前に迫ったご即位に向け、傷ついた国土の復興と、それに向けた国民の努力にいつも思いを寄せられています。私もお言葉の端々から、そのことを感じています。

雄大な流れのように

殿下は、常にその場の空気を見ながら盛り上げていく方で、先ほども述べたように最高のホストでもあります。

俊友会の一人に警察庁や中国管区警察局に勤めていた者がいるんですが、殿下が都内を視察されたとき、警備の一員として彼が敬礼していたことがあったそうです。その同じ月に梓室内管弦楽団の集まりがあり、殿下は笑顔で彼に敬礼しながら、

「あのなかにいましたね！」

と声をかけておられました。

「わかりました？」

「見ていました」

とにかく場を和ませることに長《た》けていて、殿下がいらっしゃると本当に話が盛り上がります。音楽家に会うときは事前にCDをすべて聴かれていますし、もっとも感動したのはベトナムで失明予防に取り組む日本人眼科医と交流されたときの話です。

殿下は平成二一年二月にベトナムを訪問された折、その三年前に「情熱大陸」という番組に取り上げられたベトナムで活動する眼科医・服部匡《ただし》志氏とお会いになる機会がありました。

服部先生から聞いたところによると、殿下は握手をしたまま、

「とても素晴らしい活動をされていますね」

と語りかけ、

「今日もバイクで来られたんですか」

というお尋ねもあったそうです。「情熱大陸」では服部先生は始終バイクに乗って移動していましたから、そのことをご記憶だったのだと思います。

「健康に気をつけて、これからも頑張ってください。またゆっくり話を聞かせてください」

もう一度服部先生の手を握りながら、そう情熱的に話されたそうです。

「この人は」と思うと積極的に働きかけていくという面では、両陛下とそっくりだと私は感じています。

殿下は、オランダのウィレム・アレクサンダー皇太子（現国王）の勧めで、国連の「水と衛生に関する諮問委員会」名誉総裁を九年にわたって務められました。日本の皇族が国連関連組織の名誉総裁を務めたのは初めてで、殿下の活動は国際的にも高く評価されています。

最近ではより時間に対して貪欲になられ、ご多忙ななかでも積極的に公務に取り組もうとされる姿勢を感じています。

来年以降はスタッフの数も増し、大きな責任のある立場になられるわけですが、長年音楽活動のお手伝いをしてきた身としては、ぜひご即位のあとも、お時間の許す限り演奏を続けられることを熱望しています。

一度、殿下がシューマンの交響曲第三番「ライン」を演奏されたあと、感想を申し上げたことがありました。

この曲は欧州の中央部を流れる「父なる大河」ライン川をイメージしたものですが、殿下は、

「雄大な流れのように聞こえましたでしょうか」

と仰っていました。

「水」を自らのテーマとされ、音楽と、山登り、そして野球観戦がお好きな殿下は、このシューマンの曲のように雄大な、滔々《とうとう》たる流れをたたえた方です。来年以後、ご自身なりの新しい天皇陛下のあり方を構築していかれるのではないかと思います。

（談）

「自由」を求めた次男・秋篠宮の誤算と苦悩

江森敬治
（毎日新聞編集委員）

「急ぎすぎていた」

「色々なことを急ぎ過ぎていたのだと思います。（略）私たちの結婚に快く協力してくださっている方々に多大なご迷惑とさらなるご負担をおかけすることとなり、大変申し訳なく思っております」

あまりにも突然のことだった。今年（二〇一八年）二月六日、宮内庁は、今秋に予定されていた秋篠宮家の長女、眞子内親王と大学時代の同級生で法律事務所職員、小室圭氏の結婚を二〇二〇年に延期すると発表した。宮家を支えるトップの加地隆治・宮務主管が同日午後、二人の気持ちをまとめた文書を配布。その中には、上記のような内容の二人の素直な思いが綴られていた。

昨年九月三日、宮内庁は二人の婚約内定を正式に発表した。二人はその日、揃って笑顔で記者会見に臨んだのだった。

しかし、昨年末以来、週刊誌が小室家を巡る金銭トラブルなどを繰り返し報道。婚約内定から約五ヵ月での結婚延期発表後も、眞子内親王の結婚の行方は、俄然、多くの国民の注目を集めるところとなった。

二〇一九年五月一日、天皇陛下の長男、皇太子が新天皇となる。時代も「平成」から次の時代へと改まる。これに伴って陛下の次男、秋篠宮も皇位継承順位トップの皇嗣になる。また、眞子内親王の弟で、現在、お茶の水女子大学附属小学校六年、悠仁親王が皇位継承順位第二位となる。「皇位は、皇統に属する男系の男子が、これを継承する」と定めた現行の皇室典範の下では、皇太子夫妻の長女で、学習院女子高等科二年の愛子内親王には、その資格がない。

近代の天皇制を振り返ってみると、「明治」から「大正」、「昭和」、「平成」へと天皇の位である皇位は、父から、その長男へと代々、移行されてきた。来春、皇位は父から長男へと移行されるが、それ以降は、初めて、皇位は兄から弟へ、そして、その長男へと継承される可能性が大きい。直系から傍系に皇位が移動するこの変化は、近代天皇史の中で小さいものではないだろう。このため、秋篠宮の立場が、今まで以上に、より大きく、より重いものとなる。このことも、眞子内親王の結婚が大きく注目される一因となっているのではなかろうか。

虫捕りに熱中

秋篠宮は、現在の天皇と美智子皇后の次男として一九六五年一一月三〇日に生まれた。

兄皇太子とは学年でいえば六年違いだ。学習院幼稚園から初等科、中等科、高等科を経て、学習院大学法学部政治学科に入学。一九八八年三月、大学を卒業した。大学卒業後、英国に留学。オックスフォード大学大学院動物学科で勉強した。秋篠宮は、小さい頃から動植物に強い関心を持ち、今もニワトリなどの家禽や家畜、魚類には興味を持ち続けている。自分の好きな道に進んだ秋篠宮は、一九九六年には国立総合研究大学院大学から理学博士号を授与されている。現在は、東京大学総合研究博物館特招研究員や東京農業大学客員教授を務めるなど研究だけでなく、若い人たちとの交流を持つこともある。

秋篠宮がこのような活動をする背景には、魚類学者である父・天皇の影響と、都心とはいえ多くの自然が残る赤坂御用地で生まれ育ったという環境が大きく左右しているのではなかろうか。秋篠宮が小さい頃、当時の住まいの東宮御所にはたくさんの池や水槽があったらしい。小さい頃、秋篠宮は、父親に連れられて池の魚を見に行った。父から「あれがソウギョだよ」「今、池の水面に顔を見せたのがハクレンだ」というように教えられた。また、御用地での虫捕りにも夢中になった。

秋篠宮は、共著『欧州家禽図鑑』の中でニワトリに関する思い出について触れている。

「私がまだ小学校の低学年の頃、子ども向けの動物図鑑の中に家畜のシリーズがあった。何気なくニワトリの頁を開くと、コーチンやブラマといった、それまで抱いていたニワトリのイメージとはまるで異なる、脚に羽毛のある品種の図が載っていた。なぜか無性に飼ってみたくなり、さっそく父にバフ・コーチンが欲しいと頼んでみた。いろいろと探してみてくれたようだが、その当時、日本にはコーチンがあまり入っていなかったようで、結局ナゴヤを飼い始めた。おそらくその頃からだろう、家禽のなかまに興味を持ち始めたのは。ナゴヤに始まり、軍鶏、声良《こえよし》、チャボなど、コレクションは徐々に増えていった」

二〇〇三年の記者会見で秋篠宮は、

「この五月に、生き物について、いわゆる生物ではなくて生き物についての様々な智ですね。知識とか。これが、日本全国、それから世界、あらゆる所に、その地域における様々な生き物に対する智というものがあります。そしてそれはまだ知られていないものが、本当に山ほどあると私は思います。そのような生き物に対する知識を集積していく、生き物を多面的に理解するということを目的として、『生き物文化誌学会』という学会が立ち上がりまして、私もそれの発起人の一人に加えてもらいました」

と語った。このように、秋篠宮は二〇〇三年春、秋篠宮も発起人の一人となり「生き物文化誌学会」を立ちあげた。この学会は生物、民族、歴史、芸術など幅広い分野の専門家や市民が集まり、多面的に生き物のことを考えようとするユニークな学会である。私も会員の一人として、全国各地で開催される例会に時々、参加しているが、毎回、その斬新な内容に瞠目《どうもく》している。

目白駅前の告白

一九九〇年六月に紀子妃と結婚した。大学卒業から二年後のことだった。

この時、秋篠宮は二四歳、紀子妃は二三歳。一九九三年六月に結婚した兄、皇太子よりも約三年早い結婚だった。二人のロマンスは、「キャンパスの恋」として知られている。一九八五年春、大学二年生の秋篠宮は、文学部に入学したばかりの川嶋紀子と大学構内の書店で初めて出会った。これはまったくの偶然らしい。秋篠宮は「あの時、出会わなければ、私はまだ独身だった可能性が大いにあった」と、振り返るが、まさに運命的な出会いだったのかもしれない。秋篠宮は、出会ってすぐに、当時、秋篠宮の家族が暮らしていた東宮御所に川嶋紀子を招き、両親に紹介したのだった。

その後、紀子は秋篠宮の小学校時代の友人たちを中心として始められた自然文化研究会に入会。しばしば、東宮御所を訪問する。そして、秋篠宮の両親とテニスやお茶の席を共にした。紀子妃は、結婚前から両親といくども会う機会をもち、両親から「キコちゃん」と呼ばれるなど、とてもかわいがられていたらしい。交際を重ねたのちの一九八六年六月、秋篠宮は学習院大学に隣接する目白駅近くの交差点でプロポーズした。

秋篠宮と紀子妃は、結婚二五年の銀婚式を迎えた際に発表した文書の中で、プロポーズした頃の思い出を、次のように紹介している。「そして一九八六年、ある集いがあった後、あなたを送っていく途中に……」（秋篠宮）、「二人で信号を待っておりましたとき、突然、将来のことについてのお話があって、びっくりいたしました。大学卒業後は、海外の大学院に行くことを考えていましたので、どのようにお返事をしたらよろしいかと迷い、考えさせてくださいとお話しさせていただいて」（紀子妃）。出会ってからわずか一年余での素早いプロポーズであった。

結婚した翌年の一九九一年一〇月二三日、長女、眞子内親王が生まれた。秋篠宮夫妻は、「天性のものを失わず、自然に、飾ることなく、ありのままに人生を歩んで欲しい」という願いを込めて名付けた。現天皇と美智子皇后にとっては、うれしい初孫の誕生だった。

「意外と優しいところもある」

眞子内親王は、幼稚園から高校まで学習院で学び、国際基督教大学（ＩＣＵ）を卒業。英国のレスター大学大学院に留学し、博物館学の修士号を取得した。現在は、国際基督教大学大学院アーツ・サイエンス研究科博士後期課程に在学中で、東京大学総合研究博物館特任研究員も務めている。二〇歳を迎える前の記者会見で大学生活について眞子内親王は、「スキー部に所属しておりますけれども、シーズン中には合宿などに行くこともあります」「スポーツ全般は好きで、楽しんでおります」などと、答えた。妹の佳子内親王とは「妹でありながら友人のような関係」で、弟の悠仁親王の面倒みもよく、仲良く遊ぶこともあるらしい。

眞子内親王は妹や弟思いのやさしい姉だ。銀婚式の感想文の中で秋篠宮は「英国にいる眞子から父の日のカードが送られてきました」「妙にうれしい気分になりました」との眞子内親王とのエピソードを披露している。

次女、佳子内親王は、一九九四年一二月二九日に生まれた。夫妻は、「人の気持ちを理解し、素直で思いやりがある女の子に育って欲しい」との思いで命名した。姉の眞子内親王と同じく、幼稚園から高校まで学習院で学んだ。学習院大学文学部に進学したものの中退。姉と同じくＩＣＵに入学し、在学中だ。大学の交換留学制度で英国留学も経験した。二〇歳を迎える前の記者会見で佳子内親王は、

「学習院大学を退学した理由ですが、私は幼稚園から高校まで学習院に通っており、限られた一つの環境しか経験できていないと感じることが多くございました。そのため、中学の頃から別の大学に行きたいと考えるようになり（略）」

と、きちんと自分の考えを説明している。また、自分の性格については、

「長所は自分ではあまり思いつきません。短所は、父と同じように導火線が短いとこ

ろがありまして、家の中ではささいなことで口論になってしまうこともございます」と話した。銀婚式の感想文で秋篠宮は、佳子内親王と一緒に買い物に出掛けたことを披露した。秋篠宮は、

「父親にたいしてつっけんどんな態度のことが多いのですが、意外と優しいところもあり、私が自由に選んだものについて、代わりに会計をしてくれました」

と紹介している。

長男、悠仁親王は、二〇〇六年九月六日、秋篠宮夫妻の三番目の子どもとして生まれた。皇室に男子が生まれたのは、秋篠宮以来、じつに四一年ぶりのことで、多くの国民から祝福された。お茶の水女子大学附属幼稚園に入園。これは両親が、早いうちから同じ年頃の子どもたちとの交流の機会を増やそうと、三年間の一貫保育を強く希望したためだ。ちなみに、秋篠宮や皇太子が通った学習院幼稚園は二年保育である。

父親に似て、昆虫や動植物が大好き。現在は、お茶の水女子大附属小学校の六年生で、どこの中学校に進むのか、今後の進路に関心が集まっている。

二〇一九年春、悠仁親王は、秋篠宮に次いで皇位継承順位が第二位となる。秋篠宮の次世代の皇位継承者である悠仁親王が、どのような教育やしつけを受け、どのよう

に育っていくのか。その時々の成長ぶりは、国民から注目されている。

熟慮のすえに

「幸いに健康であるとは申せ、次第に進む身体の衰えを考慮する時、これまでのように、全身全霊をもって象徴の務めを果たしていくことが、難しくなるのではないかと案じています」

二〇一六年八月八日、八二歳になった天皇は、「象徴としてのお務め」についての気持ちを示したビデオメッセージを、テレビを通して公表した。天皇は「国政に関する権能を有しない」との憲法の規定に配慮しながらも、生前退位の意向を強くにじませた内容となった。

秋篠宮家では、家族全員がテレビを見ながら、天皇の言葉にじっと耳を傾けたという。聞き慣れた祖父の声を、将来、天皇の地位を継ぐであろう悠仁親王は、どんな思いで聞いたのであろうか。秋篠宮は「長い間考えてこられたことをきちんとした形で示すことができた。これは大変良かったことだと思いますし（略）最大限にご自身の考えを伝えられたのではないかと考えております」と、記者会見で、感想を語っている。

二〇〇九年は、天皇と美智子皇后の即位二〇年と結婚五〇年という二重の喜びに包まれた年だった。秋には祝賀行事も催され、皇室は華やかな祝賀ムードにあふれた。その年の一一月初め、即位二〇年に際して行われた記者会見で、記者からの「皇室についてはこの先、皇族方の数が非常に少なくなり、皇位の安定的継承が難しくなる可能性があるのが現状です。（略）両陛下は皇室の現状、将来をどのようにお考えでしょうか。皇太子ご夫妻、秋篠宮ご夫妻を始めとする次世代の方々に期待することも交えながらお聞かせください」との質問に対し、天皇は、

「皇位の継承という点で、皇室の現状については、質問のとおりだと思います。皇位継承の制度にかかわることについては、国会の論議にゆだねるべきであると思いますが、将来の皇室の在り方については、皇太子とそれを支える秋篠宮の考えが尊重されることが重要と思います。二人は長年私と共に過ごしており、私を支えてくれました。天皇の在り方についても十分考えを深めてきていることと期待しています」

と、答えた。天皇は、皇室の将来を決めるうえにおいて、長年、自分とともに過ごし、自分を支えてきた二人の息子、皇太子と秋篠宮の考えが尊重されることが重要だ

と公の場で明言したのだった。

この天皇の発言も、いずれ、皇位が兄から弟へ、そして、弟の長男へと継承されるであろうことを十分、意識したうえでの発言ではなかったか。秋篠宮は、誕生日会見で、こうした天皇の発言を受けて記者たちから「皇統の問題に対してどのようにお考えでしょうか」との質問が出た際に、「皇位継承の制度というもの自体に関しましては、これは陛下も述べられているように、国会の論議にゆだねるべきものであるというふうに私も考えます。しかし、その過程において今後の皇室の在り方ということも当然議論されることになるわけですけれども、その将来的な在り方ということについては、将来その当事者になる皇太子ほかの意見を聞くという過程も私は必要なのではないかと思っております」などと答えた。「皇太子ほかの意見」と少しぼかされているが、「ほか」の中には当然、秋篠宮自身が入っているとみてよいだろう。

天皇の発言を真剣に受け止め、兄と一緒に将来の皇室の在り方についてしっかり考えようとする生真面目な秋篠宮の姿勢がみてとれる。「天皇の在り方についても十分考えを深めてきていることと期待しています」との天皇の発言を秋篠宮は重く受け止めたのだと思う。

「自由」を求めて

私が、秋篠宮と初めて会ったのは、紀子妃と結婚した翌年の一九九一年二月、京都でのことだった。それ以来、秋篠宮との個人的な付き合いは二七年に及ぶ。折に触れて、私は、秋篠宮の半生や人となりについて思いをめぐらすことがある。

秋篠宮の性格は謙虚で柔軟。そして、シャイで、なかなか自分の本心などを明らかにしない。韜晦《とうかい》傾向もあり、私も時々、困惑することもあるが、それはそれで秋篠宮の魅力となっている。秋篠宮を理解する上でのキーワードは何かと問われれば、その一つは「自由」ではないかと思う。「自由」の意味するところは好き勝手、我がまま し放題とは違う。相手に対する愛情や思いやりを持ち、節度を守りながらの「自由」である。秋篠宮は、既成概念や枠にとらわれない精神の持ち主である。とらえどころのない所も、また、秋篠宮の魅力の一つだと私は考えている。

長い歴史と伝統を持つ天皇家では、長男と次男とでは歴然とした区別が存在する。将来の天皇が約束されている兄、皇太子は、小さい頃から、将来の天皇として両親だけでなく、周囲からも期待され、育った。本人も自然に、強い自覚を持つようになった。

一九八二年三月、学習院大学文学部史学科の卒業と同大学院への進学が決まった皇太子は記者会見で記者たちと次のようなやりとりをしている。記者から「歴代天皇のご事績について、御進講を受けられましたが、その中で、最も印象に残っていることは何でしたか」と聞かれた皇太子は、「（略）お話を伺って感じることは、歴代の天皇が文化を大切にしてこられたということです。（略）この次の機会にお話を伺うことになっている花園天皇という天皇がおられるのですけれども（略）花園天皇は、まず徳を積むことの必要性、その徳を積むためには学問をしなければならないということを説いておられるわけです。その言葉にも非常に深い感銘を覚えます」と、答えている。

しかし、秋篠宮は少し違った。一九八五年一一月、二〇歳の成年式を前にした記者会見で、記者から「将来、どういうことをしたいとお考えですか」と聞かれ、次のように答えている。

「写真などは趣味でずっとやっていきたいと思っています。（大学）卒業後については、自然史に興味があります。特に魚類に興味があります。（略）魚類に興味を持ったのは父の影響が強いと思います。鳥類については、今春英国に参りまして鳥類保護区を見て非常に印象に残っています」

続いて、記者は「魚類では特にどんなものを」と質問。秋篠宮は「どれかに限って、というわけではありませんが、ナマズ目に興味があります」と答えるなど、好きな研究分野などの話が続いた。そして、記者から、好きな音楽やミュージシャンについても聞かれ、秋篠宮は、

「ビートルズはずいぶん小さい頃から聞いていましたし、江利チエミはパティ・ページの持ち歌を歌っていましたね。ダイナ・ショアも好きです（略）」

などと答えている。この会見では最後まで、記者たちから、皇太子のように歴代天皇について聞かれることはなかった。

「長男の領域」と「次男の節度」

このように次男、秋篠宮には、兄のような明確な目標はなかった。その代わりに自分は、研究に打ち込み、好きな道に進もうと考えていたのではなかったか。好きなことをやるための「自由」を得たい。より「自由な人生」を生きるために、早く結婚し

て、両親や兄、妹たちから離れて独立した生計を立てることが大切だと考えたのだと思う。

秋篠宮家の創設は、まさにここにつながる。結婚以来、皇族として年々、多彩で豊富な公的な活動を務める一方で、結婚生活と研究生活は、秋篠宮の成長を支える両輪になってきたと私は推察している。

より大きな自由を得たいと始まった秋篠宮の結婚生活は、二人の娘にも恵まれ、順調に推移していった。

しかし、ここに、大きな「誤算」が生じたことはいなめないだろう。それは、兄、皇太子夫妻に、皇位継承者である男の子が生まれなかったことだ。これは、秋篠宮にとっても多くの国民にとっても望ましいことではなかった。

仮にだが、皇太子夫妻に男の子が誕生していたとしよう。そうすれば、マスコミの目も、多くの国民の関心も自然と、子宝に恵まれ、日々、子育てに追われる幸せな皇太子一家へ集中していたはずだ。それは、父から長男へと連綿と皇位が受け継がれてきた天皇家にとっては一番、望ましいことであり、喜ばしいことだったといえよう。

皇太子一家が注目されるその陰で、秋篠宮は、ほぼ望みどおりに、より自由で楽しい日々を送れたことだろう。長男の悠仁親王誕生ももちろん国民から祝福されたであろうが、それは「秋篠宮家の後継ぎがおできになり、良かったですね」というお祝いであり、今のように、「将来の天皇候補」として、多くの国民から特別な視線を送られることはなかったであろう。

私は、皇太子が結婚した直後、宮内庁担当記者をしていたが、あの頃の皇太子夫妻への国民の人気はものすごかった。それは、大方、皇太子夫妻に早晩、男児が誕生するに違いない、早くそうなってもらいたいとの期待だった。そうすれば、皇室の基盤がより堅固なものとなる、と多くの国民も、私が身近に接していた宮内庁職員たちも信じていたのではなかったか。この皇太子夫妻人気の中で、秋篠宮一家の影は薄かったことを私はよく覚えている。

元来、皇位継承の問題は、天皇家においては、長男の領域である。次男以下が、軽々しく口出しすべき性格のものではない。秋篠宮もまた、こうした厳格な考えを小さい頃から持っていたのだと思う。兄を支えながらも、次男としての分をわきまえ、守るという暗黙の鉄則を頑《かたく》ななまでに守り通してきたのだ。国民の目に秋篠宮は、一見、自由奔放そうに映るかもしれない。しかし、それは、将来の天皇である兄の威厳を際立たせようとする秋篠宮らしい演出だったのではないかとさえ、私は思うことがある。

しかし、秋篠宮の運命は思わぬ方向に動き始めた。兄、皇太子夫妻に、長年、男子が生まれなかったことに加え、二〇〇六年九月六日には、秋篠宮に長男、悠仁親王が誕生したことである。皇室にとって秋篠宮以来、じつに四一年ぶりとなる男子誕生は、皮肉なことに秋篠宮家の運命をも変えてしまった。「まさか、自分だけでなく、息子までも天皇になるであろうとは」と、秋篠宮は天を仰いだかもしれない。ここに、今に続く、彼の大きな苦悩があるのではなかろうか。

「またあの家に住みたい」

今年四月初めのことだった。私は、東京・元赤坂にある秋篠宮邸を訪れた。都心とはいえ、赤坂御用地に一歩、足を踏み入れると都会の喧騒が止むから不思議だ。私は、いつものように門を抜け、宮邸に向かって歩いていると、散り始めた桜の花びらが数枚、風に吹かれて私の周囲を乱れ飛んだ。今年の東京の桜は、例年より早く、満開の時期を終えていた。乱れ飛ぶ花びらを無心に眺めているうちに、私の脳裏に新婚当時の秋篠宮夫妻の懐かしい思い出がよみがえってきた。

今年で、結婚生活二八年を迎えた夫妻は、現在の秋篠宮邸に隣接する木造モルタル平屋建て、延べ一〇五平方メートルという新居で結婚生活をスタートさせたのだった。庭には、魚を飼育するために造られた池もあったが、現在の宮邸と比較すると、部屋数も少なく簡素で、かなり小ぢんまりとしたものだった。宮務官をはじめ、宮家の職員数も車を運転する人や日々の食事の世話をする人を入れても一〇人に満たなかったのではなかったか。新居と事務棟は屋根の付いた短い渡り廊下でつながっていた。宮内庁担当記者だった私は、しばしば、秋篠宮家を訪問したが、事務室を覗くと、時々、秋篠宮が職員の椅子に座っていたこともあった。まさに職住近接。すべてにおいてコンパクトで、その分、いろいろな意味で風通しは良かったのではなかろうかと思う。

結婚二五年の際に発表した文書の中で秋篠宮と紀子妃は、次のように綴っている。

「約六〇年の木造家屋を、二人で過ごせるように直して、新しい生活がはじまりました。そして、娘たちの誕生にあわせて部屋を増やしました。その中で、娘たちは成長していき、子どもたちの元気な声が響き、ギターやピアノの音もよく聞こえる、温もりの感じられる家でした」（紀子妃）「（略）この前行ってみたのですが、子供たちが小さい頃に遊び回っていたことを想い起こし懐かしく感じました。彼女たちも気に入っていましたよね」（秋篠宮）「はい。今の家に移りましてから、またあちらの家で住みたい、と娘たちが話していたこともありましたね」（紀子妃）。

今から考えると新婚当時の秋篠宮一家の暮らしは、私にもどれもこれも懐かしく映る。しかし、その思い出あふれる旧秋篠宮邸は、今はもうない。すでに、取り壊され、跡形もなくなってしまった。旧宮邸の跡には、鉄筋コンクリート三階建ての建物が建ち、そこに秋篠宮一家五人が移り住む予定だという。そして、現在の秋篠宮邸の増改築も数年かけて行われる予定だ。それまで、家族は仮住まいでの生活を送るという。私は、旧秋篠宮邸があった方角を眺めながらしばし感慨にふけったのだった。

秋篠宮が皇嗣になると、新しく一家の世話をする皇嗣職が設けられる。皇嗣職大夫をトップに、職員数は五一人になる見通しだ。現在の常勤宮家職員の人数は二五人（二〇一八年四月）で、宮内庁の他の部署との併任職員や非常勤職員を入れて約五〇人という。このうち、「常時、ご一家のお世話をしているスタッフは常勤・非常勤あわせて三二〜三三人」(宮内庁関係者)というから、かなり増員されることになりそうだ。秋篠宮が「懐かしく感じました」と振り返る結婚から間もない頃のわずかな職員数とは比べものにならないほど、組織は拡充される。一家を取り巻く環境も大きく変わろうとしているのだ。

あくまで自然体で

二〇一九年五月からの新しい時代の皇室は、天皇一家、上皇、上皇后、皇嗣一家というこれまでにない組み合わせとなる。現天皇の仕事は皇太子が受け継ぐ。皇太子の仕事は、宮内庁で再整理を行い、そのかなりの部分を秋篠宮が受け持つことになろうが、現在の秋篠宮の仕事を引き受ける人がいない。また、病気の雅子妃のことを考えると、新しい天皇、皇后を皇嗣一家で支える機会も、これまで以上に増えてくるのではないかと推察する。天皇は、「象徴としてのお務め」についての気持ちを示したビデオメッセージの中で、自身の体験などを基にして、「天皇が象徴であると共に、国民統合の象徴としての役割を果たすためには、天皇が国民に、天皇という象徴の立場への理解を求めると共に、天皇もまた、自らのありように深く心し、国民に対する理解を深め、常に国民と共にある自覚を自らの内に育てる必要を感じて来ました。こうした意味において、日本の各地、とりわけ遠隔の地や島々への旅も、私は天皇の象徴的行為として、大切なものと感じて来ました」と、述べている。「国民に対する理解を深め、常に国民と共にある自覚を自らの内に育てる必要を感じ」るとの思いは、皇太子はもちろんのこと、秋篠宮も十分に認識していると思う。秋篠宮は気負いなく自然体で、皇嗣の重責を果たしていくだろう。また、これまで以上の努力も欠かすことはできない。

秋篠宮は正念場を迎える。

女性週刊誌　皇室担当記者の三〇年

近重幸哉（女性自身記者）

2・5マイクロシーベルト

景色がかすむほどの強い雨の中、高速道路の線量計は、2・5マイクロシーベルトという数値を示していました。

福島県に同行していた侍従によると、天皇陛下と皇后さまはお車の中からじっと福島第一原子力発電所の方向を見つめられていたそうです。両陛下のお車とその長い車列は、ギリギリまでスピードを落として、福島第一原発に一番近い区間を通過したのです。

平成三〇年六月九日からの三日間は、天皇皇后両陛下として最後の福島県ご訪問となりました。天皇陛下は東日本大震災、その後の福島第一原発事故の直後から福島に強い関心を寄せられ、事故のあった年には三四人もの関係者・識者を御所に招いて話を聞かれています。

〝福島第一原発を、この目でしっかり見てみたい〟というのが、かねてからの陛下の強い念願だったのではないでしょうか。それは皇后さまも同じ思いだと感じられます。

全国植樹祭、国民体育大会、全国豊かな海づくり大会の三つは、三大行幸啓と言われ、天皇陛下が皇后さまとご一緒に地方を訪問される毎年恒例の行事です。偏りがないように各県持ち回りで行われ、その順番は担当する省庁によって、およそ五年前には決められているはずですから、陛下が強い思いをお寄せになっている福島行きが平成最後の年に実現したことは、ある意味、運命的な偶然でした。

私は『女性自身』の皇室担当記者として、この福島県ご訪問を取材しました。このご訪問では報道陣の数もいつもより多くて、カメラマン、雑誌の記者も含め五〇人くらいはいたと思います。バス二台に分乗して移動しました。これに両陛下に追従して取材する新聞、テレビ、通信社の記者も大勢いるのです。

私が拝見した、いくつかの印象的・感動的な場面をお伝えできればと思います。

アロハ・オエと小さな花

六月九日、新幹線で郡山駅に降り立った天皇・皇后両陛下の最初のご予定は、原発事故による避難生活者に会われることでした。いわき市の北好間《きたよしま》団地には、富岡町、大熊町、双葉町、浪江町など福島第一原発周辺の市町村から避難した約四四〇人が暮らしています。

そのうち四町の代表者、約二〇名が両陛下のご到着を出迎えました。

「お身体は大丈夫ですか?」

「本当に、ご苦労なさいましたね」

ご到着の両陛下は、一人ひとりに丁寧に言葉をかけられていました。とくに印象に残ったのは、天皇陛下が、「原発事故のあと、何度引っ越されましたか?」とお尋ねになっていたことです。原発の周辺に住んでいた人たちは、故郷を追われ、いくつもの仮設住宅や団地、アパートを転々としています。私が話を聞いた女性は四度引っ越しを経験したと話していましたが、天皇陛下はそうした被災地の状況をよくご存知だったのです。なかには七回引っ越したという夫婦もいて、

「いまいる復興住宅は設備も整っていますが、ここが最後になるかわからない」

と不安そうに話していました。東日本大震災後の大津波の被害に遭った人々は、苦労を重ねた末であっても、震災前に住んでいた市町村に生活を再建しようとしていますが、原発事故の場合はそれが難しい。二度と故郷に戻れないという人も多いと思います。

両陛下は、原発事故で住む家を失った人たちの気持ちに寄り添われているのです。

福島県内をお車で移動されているときも同様でした。両陛下が訪問された三日間はあいにくの天候で、雨がちでしたが、それでも沿道には三万人を超える人が集まりました。

奉迎の人たちは、たいてい地元の県警から進行方向の沿道左側に、ひとかたまりになって立つように伝えられます。移動中のお車では右側に天皇陛下、左側に皇后さまが座られます。沿道に人が立っていると、車列は必ずその近くでスピードを落とします。そこで両陛下は窓をお開けになり、皇后さま、そしてその奥に座った天皇陛下が手を振られるのです。

沿道の人たちからすると、両陛下を近くに見られる絶好の機会となります。感動するのは、外が激しい雨でも、大雪でも、猛烈な暑さでも変わることなく、必ず窓を開けて笑顔で手を振られることです。

そのお姿は、電車での移動中も同じです。我々の出張では、電車に乗った瞬間に眠ってしまうことも多いのですが、両陛下の場合は沿線のどこに奉迎の人がいるかわからないですから、気を抜かれることはありません。田園地帯を移動中に一人でも奉迎者の姿を見かけたら、お手振りされるのです。

福島県でも、多くの人が沿道で両陛下をお迎えしました。

九日の夜はいわき市のスパリゾートハワイアンズで全国植樹祭の関係者とのレセプション、その後、ハワイアンズ名物のフラガールの踊りをご覧になり、メンバーたちとのご交流がありました。

レセプション、それからフラのショーの間中、両陛下はずっと立たれたままでした。この日は、長い移動があり、ご公務があり、前述の通り一瞬たりとも気を抜くことのない時間を過ごされて、相当お疲れだったと思います。私はなぜ、椅子を用意しないのかいぶかしく思っていましたが、ひょっとしたら、両陛下が「立ったままで」と希望されたのかもしれません。

フラガールのショーは三曲で、時間は一〇分程度だったと思いますが、微動だにせずご覧になっていました。そしてご歓談。皇后さまはフラガールに、

「とてもきれいでした。私もフラの曲はいくつか知っているんですよ」

と仰って、「ビヨンド・ザ・リーフ」、「アロハ・オエ」の二曲を挙げられたそうで

す。フラガールのリーダーの女性は、「皇后さまはとてもお優しくて、お話しできて本当に嬉しかったです」と涙を浮かべ感動の面持ちで話してくれました。

「『花は咲く』（NHK東日本大震災復興支援ソング）の踊りのとき、皇后さまが『わーきれい』と言ってくださったのが、踊っていてとても嬉しかったです」

報道陣からは見えなかったのですが、皇后さまは胸元で、歌詞にあわせて小さな花を咲かせる動きをされたそうです。彼女たちにとって、大きな励みになったと言っていました。

「皇后さまが胸元に花を咲かせるお姿を拝見して、踊りながら感激して涙が出ました」というメンバーもいました。心と心が通じあったという感覚を持てたのではないでしょうか。

皇后さまは平成七年の阪神・淡路大震災の二週間後、お見舞いに訪れた神戸市の菅原市場で両手の拳を握り、手話の「頑張れ」のポーズをされました。その心に残るシーンは、テレビで繰り返し放映されましたが、あのときのご様子を思い出しました。

珍しいワンシーン

天皇皇后両陛下は翌六月一〇日の朝、常磐自動車道を北上して南相馬市に向かわれました。

冒頭で述べたように、その途中のお車の中から、福島第一原子力発電所のほうをご覧になったのです。

今回の福島ご訪問のもう一つのテーマは、学者という側面をお持ちの天皇陛下が、ご自身の目で福島第一原発周辺の現状を見たいということだったと思います。あえて福島第一原発の近傍を通過されたのは、そのお気持ちを念頭に組まれた旅程ではなかったかと私は思っています。

両陛下は平成二三年三月の震災のあと、七年間でじつに六度も福島県を訪問されています。いかに原発事故とその後に心を痛めておられるか、この数字が如実に示しています。

常磐自動車道を走ると、もっとも接近する地点で福島第一原発から五・八キロメートルの距離になります。晴れていればその地点からでも原発を目にすることができるそうですが、あいにくこの日は雨模様で霧もあり、原発の影すら見ることができませんでした。

常磐自動車道にはところどころに線量計があり、走行中に放射線量を確認することができます。広野あたりではまだ「0・1」とか、「0・3」といった表示だったのですが、原発にもっとも接近した地点では前述のように「2・5」まで数値が上がっていました。天気のいい日であれば、数値はもっと高かったかも知れません。

窓の外から見える森は人の手の加わらない、草木が伸び放題の原生林のようで、日本のほかの地域で見られるような里山とは印象が違いました。もちろん、手入れされた田畑もところどころにあるのですが、本来、生産の場であるべき農村や森林が潰えているように思えて、辛い光景でした。

両陛下は、土砂降りの中、多くの人々が出迎えた南相馬市の小高《おだか》生涯学習センターに立ち寄られたあと、南相馬市の原町区雫《しどけ》地内海岸防災林整備地での全国植樹祭に臨まれました。

心配された雨は霧雨のようになっていましたが、それでもかなりの寒さで、植樹祭の最中には、天皇陛下がハンカチで鼻を拭われる場面もありました。

両陛下は子どもたちから苗木を受け取り、植樹して、スコップで土をかけられました。スカート姿の皇后さまが雨で濡れた芝生の上に両ひざをつき、両手で一生懸命土を固められていたお姿は、参加者のみでなく、多くの取材者の心にも残ったようです。

植樹祭の終了後、お車に乗り込まれたとき、皇后さまがすぐに膝の上に毛布をかけられるのを目にしました。やはりお寒かったのだと思います。

ご宿泊は相馬市の「ホテル飛天」。海の見える和風リゾートホテルです。

この日の夜は、地元の人たちが「奉祝」と書かれた紅白の提灯を掲げて両陛下を歓迎する恒例行事、「ちょうちん奉迎」がありました。両陛下も、ホテルの中から提灯を振ってお応えになったのです。

カレイを皇居に宅配便で

翌朝、取材先で両陛下のご到着を待っていると、福島県の広報課から「皇后さまは三十八度一分の発熱があるようなのですが、予定通りご公務に臨まれるようです」という知らせがあり、報道陣は騒然としました。やはり前日の、植樹祭会場の寒さが応えられたのでしょう。それでも予定通りご公務をお続けになるというところに、福島県に寄せる皇后さまの強いお気持ちを感じました。

三日目の六月一一日は、東日本大震災の犠牲者の月命日でもありました。両陛下は、こういう日付は必ず意識されています。

台風が近づき、天候の悪いなか、両陛下は津波で多くの犠牲者の出た相馬市原釜《はらがま》地区の慰霊碑に白菊をお供えになったあと、松川漁港のなかの「相馬原釜地方卸売市場」に向かわれました。両陛下はこの地を、東日本大震災から二ヵ月後の平成二三年五月に訪問し、津波にさらわれ「箸一本残らなかった」と地元の人が言うほど徹底的に流されてしまった海岸線をご覧になっています。あれから七年、あらためて慰霊の気持ちをお寄せになるとともに、復興状況をご覧になりたいというお気持ちがあったと思います。

この日の市場には、マガレイや、ヒラメ、アイナメなどの大きな魚が並び、魚類学者でもある天皇陛下は、ニコニコと興味深そうに魚の入った大きなタライを覗き込まれ、「これは?」とお尋ねになっていました。地元の人たちにとっては、マガレイが自慢です。皇后さまと言葉を交わした漁師町の奥さんたちは、

「美智子さまが、『カレイをいただいてきたのよ』と仰っていました」と嬉しそうに話してくれました。常磐モノのカレイは味が違うのだそうです。両陛下も、地方に行かれたときは、地元の特産品をお召し上がりになることがよくあるのです。

この日、両陛下は卸売市場で北寄貝とマガレイなどを購入されて、宅配便で東京に送られています。東日本大震災後に福島県を訪問されたときも、福島産の野菜を三セット購入され、ご自身たちと、皇太子ご一家、秋篠宮ご一家用に発送されています。福島の人たちは七年経ったいまも放射線量の風評被害に遭っていますが、両陛下が地元の野菜や魚をお召し上がりになっていることが少しでも報じられれば、風評被害の払拭《ふっしょく》のために大きな力になります。自然な形で、被災地の支援をされているのだと思います。

今回の福島県ご訪問でも、お訪ねになる先々で両陛下への歓迎は大変なものがありました。福島市や郡山市の市街地では「皇后さま～」と声がかかるのに対し、三日目の浜通りの相馬市ではキップの良い漁師町のお母さんたちから「美智子さま～」と歓声が上がっていました。どこか親しみを感じさせます。

沿道では、両陛下のお車を四時間以上待っていたという人も多くいました。

東京にお帰りになる両陛下を、福島駅前で多くの県民がお迎えし、見送りました。私はいつも、撮影の邪魔にならないようカメラマンの取材場所の後方に立つようにしているのですが、このときは、駅構内に入られる両陛下が、ちょうど私の真横の位置に並んで立たれ、そこで印象的なシーンを目にしました。「ありがとうございました」「また来てくださ〜い！」と繰り返される県民の呼びかけに、目を細められた皇后さまの口が、

「あ・り・が・と・う」

というように二回ほど、動いたのです。声は出されていなかったと思いますが、とても感動的な光景でした。

福島の県民からこれだけ感謝の気持ちが寄せられたのは、天皇陛下と皇后さまがこれまで積み重ねてこられたものの大きさを象徴していると思います。とくに天皇陛下は、東日本大震災による原発事故以降、放射能の被害について専門家を呼んで繰り返

し話を聞かれ、福島県をご訪問のたびに多くの県民に被害についてお尋ねになってい
ます。やはり昨今続いている、大きな自然災害のことをお考えになると、我が国に原
発はないほうがいいと考えておられるのではないでしょうか。国民の長期的な不幸
が、両陛下におかれては一番お辛いことですから。

皇室記者のスタートライン

週刊誌の皇室担当記者をしていて、印象的な言葉を言われたことがあります。「両陛下の素晴らしいお姿を繰り返し拝見できるなんて、あなたは本当に幸せな仕事をされていますね」というものです。このことについては、私自身も本当にそうだと感じるようになりました。行く先々で、皇族の方々と国民が触れ合う感動的な場面に繰り返し遭遇できるわけですから。

六月の福島県でもそのことを強く感じました。

私は、昭和六三年に雑誌の記者になりましたが、はじめから皇室担当の専従だったわけではありません。グラビアページの記者として、皇室についての知識もなにもないままに浩宮さま（現・皇太子殿下）のお妃候補探しの取材に投入されました。

当時は毎年夏、浩宮さまは軽井沢の千ヶ滝プリンスホテルに滞在されていました。我々報道陣も千ヶ滝プリンス周辺に宿泊して、ご動向を連日取材していました。新聞、テレビ、通信社、そして雑誌の記者は朝いちばんに千ヶ滝プリンスに行き、門の前で東宮侍従が「軽井沢会でテニスをなさいます」とか、「美術館に行かれます」などと、その日のご予定を発表するのです。「○○さんの別荘に行かれます」という場合もあります。とはいえ、急な外出ももちろんありますので、基本的には門の近くでずっと待っていることが多かったです。

私は浩宮さまに年齢も近く、お妃がどなたになるのかには関心を持っていましたが、まだ知識も取材経験もなく、ただホテル周辺に張り付いて、追いかけているだけでした。元最高裁判事の団藤重光《だんどうしげみつ》さんの別荘を浩宮さまがお訪ねになったとき、そこに雅子さまが同席されるのではないかという話が出て、団藤さんの別荘近くでやぶ蚊に刺されながら待っていたり、学習院のOBオーケストラの方の別荘に滞在されているときに、それらしき女性の出入りがないかずっと見ていました。夏の軽井沢ではこうした感じでした。

記者となった年の九月以降は、昭和天皇のご容態の悪化と繰り返される下血で、マスコミ各社のカメラマンは、緊急事態に備えて交代で皇居の半蔵門と、乾門などに二十四時間体制で張り込むようになりました。皇族方の出入りの取材が重要だったのです。新入りの私の仕事は、カメラマンのところを巡回して、食事の手配、さらになにより大事なフィルムを預かり、現像所に持っていくことでした。昭和の終わり、当時はデジタルカメラもインターネットも携帯電話も普及していませんでしたから、いま思い返すと大変でした。

それが私の皇室記者としてのスタートでした。

昭和天皇が崩御し、天皇陛下が即位されて平成となり、浩宮さまが皇太子殿下となられると、お妃候補をめぐる報道は一層白熱しました。

平成になっても、私は雅子さまの取材はまったくしていませんでした。先輩記者たちが担当していたのです。その上、雅子さまはお后候補について全否定されていました。テレビでも放映されましたが、留学先のイギリスなどで、

「私は関係ありません」

ときっぱり答えられたことで、取材陣のみならず世間でも小和田雅子さんは、きつ

い性格の女性だという印象が広がりました。外交官試験に合格し、キャリアを積んでおられたことも、そのイメージに拍車をかけたかも知れません。

しかし、取材を通して見えてきた雅子さまのご性格は、それとはまったく違っていました。妹さん二人に比べ、雅子さまはどちらかといえばのんびりとしたご性格ということで、ご婚約中には、

「マーちゃんはおっとりしているから。（皇室に入ってから）大丈夫かしら」

と言う身内の方もいたそうです。

お代替わりの約一年前、雅子さまは生き物が苦手だから、明治に復活し、以降代々の皇后の務めとなっているご養蚕を継承することができないのでは、と書いた記事がありました。そのことについて皇室に近い人から心配する質問を受けたことがありました。ですが、生き物が苦手に関しては違います。雅子さまの小学生のときの夢は、獣医さんになることでした。自宅でカメレオン、小鳥などを飼われていましたし、鳥の剝製を作るための処置をして、小学生としては詳細なレポートも書かれています。

ご婚約前、外務省の机の上には、小和田家の愛犬ショコラの写真が飾られていました。

お住まいの東宮御所でも愛子さまとクワガタを飼育されたり、犬、猫もかわいがられているのです。

平成五年一月六日にワシントン・ポストによりご婚約が報じられ、八日に帝国ホテルに皇室会議用の写真撮影に行かれたときの雅子さまは、鮮烈な美しさでした。ヘルノというブランドのオフホワイトのコートを着て、髪をきれいに整えられていました。帝国ホテルからの帰り、カメラの前に立たれたとき、ものすごい存在感を感じました。キャリアウーマンからプリンセスとなる女性に、一夜にして変貌されたようでした。その日から、雅子さまの人気が日本を席巻していくわけです。

ご成婚の日、平成五年六月九日、私は皇居前の馬場先門に組み上げられた高い取材台の上で、ご成婚のパレードを拝見しました。

雅子さまは沿道に詰めかけた大勢の人たちに対し、オープンカーの後部座席から柔らかな表情で手を振られていました。ご婚約中は、取材陣の前でもどこか遠慮があったように思えたのですが、この日は皇太子妃らしい笑顔で、堂々と手を振られていました。

雅子さまの人気は、日本国内だけにとどまらず世界中に広がり、当時は韓国でも

「憧れの女性は雅子さま」という女性がたくさんいたと聞きました。ご成婚直後は、雅子さまが出かけられる先々に雅子さまファンの女性がたくさんいて、歓声を上げていました。

雅子さまは、お小さいころから優秀で、常にご自身に高い目標を掲げられ、努力しそれをクリアするという人生を送られてきた方です。ハーバード、東大に学び、最難関と言われる外交官試験にパスされた。皇室に入るときも、同じようにご自分なりのテーマとか、ビジョンをお持ちになっていたと思います。

ご婚約のころ、皇太子殿下が〝外交官としての経験を、皇室の国際親善の場に生かしてはいかがですか〟という内容のプロポーズをされたと伝えられていましたが、そのお言葉は雅子さまの新たな人生の目標となったと思います。日本全体が、そうした働きを期待し、新しい時代の皇太子妃の誕生に高揚していました。雅子さまに大きな注目が集まったのも当然のことでした。

苦悩の日々

雅子さまが、当初イメージされていた「国際親善」が思うようにできなかった最大の理由は、お世継ぎの問題だったと思います。皇室、宮内庁のなかで皇太子ご夫妻に求められる最優先事項は、やはり皇位継承者の誕生です。

おそらく結婚当初は、雅子さまにご不安はなかったと思います。ご婚約内定会見では、「家族でオーケストラが作れるような子どもの数とは、おっしゃらないで下さいと申しました」と発言されました。殿下もずっと「コウノトリのご機嫌に任せて」とおっしゃっていましたが、ご成婚から四年、五年と時間が経つうち国民の不安は膨らんできたのです。

ご結婚から七年目の平成一一年に、皇太子ご夫妻はベルギーの皇太子・フィリップ殿下（現・国王）とマティルド妃の結婚式に参列されるため渡欧し、ご帰国の直後に、朝日新聞による「雅子さま懐妊の兆候」の大スクープがありました。皇太子殿下とフィリップ国王は同年齢です。独身時代からの友人で、互いの結婚式には必ず出席しようと約束されていたそうです。フィリップ国王の皇太子時代の来日時には雅子さまとも繰り返しお会いになり、親交を深められています。

しかし、年末、雅子さまは流産されたのです。流産はベルギーご訪問に関係なかったのですが、ご訪問にこだわられたことに、批判の声もありました。

雅子さまの海外でのご公務は、ご結婚四年目からなくなりました。諸外国から皇太子ご夫妻を希望した招待も届いたのですが、それがほかの皇族に割り振られてしまったそうです。

雅子さまがふたたび懐妊され、愛子内親王を出産されたのは、平成一三年一二月。雅子さまは、三七歳になられていました。

翌平成一四年の一二月、約八年ぶりの海外ご公務となるニュージーランド・オーストラリアご訪問が実現します。これに先立つ記者会見で、雅子さまは、「海外に行けなかったのはつらいことでした」と率直に心境を語られました。

このニュージーランド・オーストラリアご訪問からお戻りになったころから、雅子さまの周辺で、「心配だ」という声があがり始めました。

雅子さまにごく近い方が「いまのままでは、雅子さまが心配」と話しているというのです。

その後、平成一五年の春ごろになって、雅子さまが朝起きられないことがあるという話が出てきました。そして、七月に長崎で行われた高校総体に、雅子さまは同行されませんでした。一一月に、静岡県で行われた障害者スポーツ大会ではすべての競技を観戦され、県民とのご交流も素晴らしく、お元気そうだったのですが、人目につかないところでは、かなりご体調に変化があったようです。

この年一二月、愛子さまの二歳のお誕生日の翌日に帯状疱疹を発症されます。これが、現在につながる長期ご療養の発端となりました。

実はこのころ、雅子さまの異変に早くから気づいていたのが、『女性自身』のカメラマンたちでした。

「雅子さまの写真が、撮りづらくなった」

と言うのです。少し前から「雅子さまが皇太子殿下の陰に隠れるような立ち位置をとられることが多くなり、カメラを避けているようにも思える」と。人に見られたくない、見られるのが怖いという心理だったのかも知れません。それから現在に至るまで、ご療養は一五年の長きに及びます。

思い出の街、パリ

雅子さまはとてもお辛い日々をお過ごしだったと思います。結果的に親王さま（男のお子さま）を授からなかったことで、様々な国からのオファーがあっても、海外ご公務に行かれませんでした。お世継ぎを授からないこと、国際親善ができないことの二重の強いストレスにさらされたのです。双方とも期待に応えることができないとの思いです。

皇室記者として拝見してきた印象ですが、雅子さまが公の場にお出ましになると、非常に大きな影響力があり、注目度も高くなります。それは雅子さまの存在感とか、人間的な魅力のような部分だと思います。その分、ご本人が感じられるプレッシャーも大きいと思います。

現在、雅子さまの症状は確実に回復へと向かっています。『女性自身』でも記事にしましたが、平成二九年には主治医の大野裕先生と、直接電話でやり取りされることがなくなっていたそうです。適応障害の患者の場合、いつでも主治医と連絡がとれるという環境よりも、診察日を決めて限られた時間で、定期的に診察を受けるほうが好ましいそうなのです。雅子さまも一時期の切迫した状態を脱して、ここ数年は症状はかなり落ち着かれていると感じます。

平成三〇年五月に出席された全国赤十字大会では、非常に柔らかな表情が見られました。いままで、皇后さまと比べられること自体がプレッシャーだったということはあるかと思いますが、あの日は、皇后さまのなさりようを、じっと、一生懸命にご覧になっている雅子さまが印象に残りました。いまのうちに、皇后さまから何かを学ばれようとしていたのだと思います。

お代替わりを前にして残念だったのは、九月のパリご訪問に雅子さまが同行されなかったことでした。

二〇一八年が日仏修好一六〇年にあたることを記念して、皇太子ご夫妻が九月にパリに行かれる見込みと報じられていました。実現すれば、雅子さまにとって久しぶりの海外でのご公務と期待されたのです。

平成二五年のオランダ国王即位式、二七年のトンガ国王戴冠式には出席されていますが、いずれも、皇室と王室とのお付き合いでした。その上、その他のご公務などもありませんでした。オランダでは、当時オランダ・ハーグの国際司法裁判所の判事を務めていた父・小和田恒氏と母・優美子さんと面会し、会食されています。

パリは、雅子さまにとってなじみ深い地でもあります。オックスフォード留学時代、小和田恒さんがＯＥＣＤ（経済協力開発機構）に出向中で、雅子さまのご家族はパりに住んでいました。そこでお休みにはドーバー海峡を渡り、パリを訪問されていたのです。愛犬のショコラもパリ時代に飼いはじめ、「ショコラ」はフランス語でチョコレートの意味です。

大学時代は、フランス語を学ばれています。雅子さまにとって、ご婚約前の楽しい日々を思い起こさせる、意味のあるご訪問となられたことでしょう。また、パリで皇太子さまと一緒にいるご様子が広く伝えられることが、新しい御代にこぎ出される皇太子ご夫妻にとっても、明るい演出になったと思います。

しかし、それは叶いませんでした。雅子さまが依然、適応障害で療養中だということを、忘れてはいけないと改めて思いました。

来年、皇后になられても、現在の皇后さまに比べれば、海外のみならず一般の公務へのご出席は減るでしょうし、宮中祭祀もすべては難しいでしょう。

ですが、雅子さまがご結婚前に抱かれた国際親善の場でお力を発揮されたいとの思い、これは、皇太子さまの天皇ご即位以降に実践してほしいと多くの国民は思っています。これが、いくつか達成されれば、雅子さまのお気持ちにも、大きな変化が生じてこられるでしょう。

近い将来に、思い出の地・パリで過ごされる新天皇と新皇后のお姿を拝見したいと期待しています。

「美智子さまロス」と新皇后

平成の三〇年の間、天皇陛下とご一緒に皇后・美智子さまは被災地にお出かけになり、被災者を励まされ、太平洋戦争の激戦地を慰問され、白い花を供花、深々と拝礼されてきました。繰り返し沖縄を訪ねて祈りを捧げられるお姿が、心に残っています。まさにお心を尽くし、行動されてきたと感じます。平成三〇年九月に天皇陛下とご一緒に訪問された、平成三〇年七月豪雨の被災地の岡山県倉敷市、愛媛県西予市、そして広島県呉市でも、沿道の女性たちは「美智子さまに一目だけでも」と、笑顔を見せて雨の中長時間待っていました。

やはりお代替わりとなれば、いわゆる「美智子さまロス」というのはあると思います。

それでも、新天皇と新皇后となられる皇太子ご夫妻は、時間をかけて、天皇皇后両陛下が二度めぐられたように、全国すべての都道府県を回られると思います。年数はかかっても、皇太子殿下と雅子さまのペースで達成されることでしょう。そうした姿勢に触れ、お二人のお気持ちが伝われば、国民の心はすぐに新天皇・新皇后に向かうのではないでしょうか。

愛子さまも、学習院女子高等科でのご様子を伺うと、常にお元気で、お友達といつも笑顔で話をされているということです。ご静養にお出かけになり、ご両親が伊豆急下田駅や那須塩原駅などで、国民と話されているご様子をご覧になっている際のご表情も豊かです。これまでの不登校などへの心配は、まったくないと思います。学業については、ウワサされた東大とか上位の国立大よりも、今後を考えますと御所から通いやすい学習院や早慶上智といった私立大学のほうが向いておられるのかもしれません。勉強と同時に、ご両親をサポートされる皇族としてのお心を深められ、平和や福祉などについてもグローバルな視点で学んでいかれることと思います。

そして、来春以降は天皇の娘として、存在感を増していかれると思います。

平成二八年一月、天皇皇后両陛下がフィリピンを訪問されました。フィリピンには、旧日本兵と戦前の在留邦人の家族、その子どもたちでつくる日系人の会があります。当初、そうした日系人との面会の予定は組まれませんでした。ですがご宿泊のホテルのロビーで、急遽《きゅうきょ》、約一〇〇名との対面が決まりました。代表して両陛下と話をした前フィリピン日系人連合会会長のカルロス寺岡さんは、天皇陛下から「戦争中は苦労されましたね」、皇后さまからは「日系人のお世話をよろしくお願いします」と声をかけられ、心から感動したと話していました。宮内庁や側近、外務省は両陛下のご負担を軽減するため、できるだけ休息をとっていただきたいと考えたのでしょうが、両陛下の強いご意向があって、面会の時間をとられたようです。

天皇陛下は初等科六年のときに日光で終戦をお迎えになり、帰京した原宿駅のホームで焼け野原になった東京を目にして、強いショックを受けられています。戦争体験者として「先の大戦」への慰霊と、慰問は、平成の三〇年を貫く大きなテーマでした。

しかし、陛下は平成三〇年一二月で八五歳、美智子さまは一〇月に八四歳というご高齢です。移動距離が長く、ご懇談の多い地方ご公務では、お疲れになります。ご日程を終え、宿泊先のエレベーターに乗られると、お疲れになっている陛下をすぐに皇后さまがお支えになったこともあったと伺いました。

天皇皇后両陛下は三〇年にわたって、本当に全身全霊で、象徴天皇としてのお務めを果たされたのだと思います。

皇太子殿下と雅子さまが、その思いをどのように受け継いでいかれるのか、皇室記者として、その歩みを今後も静かに拝見していければと思っています。

（談）

天皇の知られざる戦い

橋本隆（ジャーナリスト）

やっぱり、ダメか

昭和天皇は終戦で荒廃した日本の復興を願い、昭和二一年二月から全国行脚（巡幸）を行ったが、在位の間、唯一沖縄の地を踏むことができなかった。

昭和六二年に国民体育大会が沖縄で行われることになると、臨席を強く希望したが、富田朝彦宮内庁長官は天皇の開腹手術を決断する。

天皇は一縷《いちる》の望みを持って手術に臨んだが、術後、侍医から国体への臨席が叶わないことを聞かされ、無念さをにじませてこう言った。

「やっぱり、……ダメか」

沖縄国体には皇太子と皇太子妃（現在の天皇、皇后）が名代として臨席することとなった。富田長官、卜部亮吾侍従、斎藤正治宮内庁総務課長によって昭和天皇のお言葉が起案され、裁可を得て、皇太子同妃に託されることになった。

糸満市の国立戦没者墓苑で、「お言葉」を代読する皇太子。病床にある昭和天皇は食い入るようにテレビ画面を観ていた、と卜部侍従はのちに語っている。当日の卜部侍従日記にはこのときの光景が次のように記されている。

「大変、ご不満のご様子」

皇太子の代読は、心がこもっていない棒読みだと受け止めていたのである。

昭和六三年九月以降、天皇の闘病の様子が報じられ、国民はその動静を固唾《かたず》を呑んで見つめつづけた。

メディアは自粛と称してバラエティ番組やお笑い番組の放送を取りやめ、プロ野球の優勝チームはビールかけを中止、民間企業でも、忘年会や新年会を自粛するケースが相次いだ。

昭和六四年一月七日、昭和天皇崩御。

戦争と平和の激動の昭和が終わり、日本社会は大きな転換点を迎えた。一方で多くの人が、昭和天皇の遺徳をしのび、その人柄を懐かしんだ。筆者の伯父は、

「私はね、昭和さんの時代に近衛兵だったんだよ」

と昭和天皇に仕えたことを誇りとし余生を送った。社会主義に強い影響を受け、その後も徹底した反体制を口にしていた団塊の世代の知人さえ、

「昭和天皇の崩御には、なぜか自然と涙が込み上げた」

と述懐していた。昭和天皇は昭和二一年のいわゆる「人間宣言」以後、国民への強いメッセージを発することはなかったが、崩御によって国民には巨大な喪失感が残された。その後の日本は、自制心のブレーキを外してしまったかのような狂乱のバブル経済に踊ることになる。

体調急変

平成三〇年七月一日。

退位まで一年を切ったこの日、天皇は学習院初等科の同窓会・桜友会に出席した。都心では最高気温三二度を記録する猛暑のなか、天皇は背広と革靴姿だった。同席した学友たちは、八四歳の天皇の体調を心配していた。午後二時から初等科正堂で総会が行われたあと、食堂での宴席に移った。天皇は少量とはいえ酒も口にしていたが、食事には手をつけず、一時間半ほどで会場をあとにした。

その日の深夜四時ごろ、小用のために目を覚ました天皇は、目の前が暗くなるほどの強いめまいを感じて、その場に倒れ込んでしまった。

天皇の体調は二十四時間体制で管理されている。その日の当直医が天皇の呼び出しベルに気付き即座に診察すると同時に内廷職員を通じ皇后に急報された。脱水性脳虚血。驚いたことに、栄養失調を伴っていたという。高齢のため食事量が減り、ミネラルや鉄分を十分に摂取できていなかったことにより、貧血を起こしたと診断された。

二日午前一一時の定例会見で、菅義偉官房長官は次のように発表した。

「本日午前四時ころ、天皇陛下には急なご気分不快がおありで激しいご発汗がおありだったことから、皇后陛下はただちに侍医をお召しになったということです。侍医の拝診をお受けになったところ、脳貧血によるめまいと吐き気のご症状がおありであり、しばらくのご安静と経過観察が必要だという判断だったそうです。

このため本日のご予定は変更することになったという報告を受けております」

菅氏は早口で手元の文書を読み上げたあと、「詳細については、宮内庁でお聞きいただきたいと思います」と付け加えると、無表情で会見場をあとにした。

この日、天皇は高円宮絢子女王と日本郵船社員・守谷慧さんの婚約内定報告を受ける予定だったが、美智子皇后がひとりで対応した。一時は脳梗塞を疑われたほどで、症状は報道された以上に重篤だったと言える。

天皇は、一日の同窓会で集まった四人の同級生に、

「最近は、もうテニスもしんどくなってね。外で運動することはできないから、室内で卓球をやっているんだよ」

笑みを浮かべながら穏やかにそう話したという。

決断の理由

天皇の体調不良は、いまに始まったことではない。

天皇は、平成五年に結婚した皇太子夫妻に後継ぎとなる男子が生まれないことを深く憂慮し、それが大きな心の重荷になっていた。

〈天皇陛下は、十年以上にわたって、この（皇位継承）問題で深刻に悩み続けられました。（中略）そのお悩みによって、陛下は夜お寝みになれないこともありました。そのような陛下のご様子を心配なさって皇后さまもお悩みになりました〉

侍従長（当時）の渡邉允氏がそう著書で明かしている。その悩みは、平成一八年の悠仁親王誕生まで続いた。

六九歳となった平成一五年に前立腺がんの手術を受け、服用薬の副作用、ストレス、高齢による体力の低下などから消化器疾患にも見舞われ、身体の衰えを強く感じるようになっていた。

平成二一年一月、宮内庁は天皇の公務軽減を発表。

平成二二年七月、参与会議で生前退位を諮問。

平成二三年、新嘗祭の大幅な時間短縮。

この年、平成二三年一一月、秋篠宮は誕生日会見で天皇の体調不良に言及している。

「天皇陛下の公務、それから両陛下の公的なお務めとご健康のことというのは、非常に関係してくることだと私は思います。いわゆる公務と言われる国事行為は、数を減らすとかそういうことはできないわけですね、臨時代行とかでない限り。それ以外の公的なお務めについては、何年か前にそのようなことから、負担軽減が図られております。（略）定年制というのは、やはり必要になってくると思います。というか、ある一定の年齢を過ぎれば、人間はだんだんいろんなことをすることが難しくなっていきますので、それは一つの考えだと思いますけれども、じゃ、どの年齢でそういうふうにするか。やはりある年齢以降になると、人によって老いていくスピードは変わるわけですね。だから、それをある年齢で区切るのか、どうするのか、そういうところも含めて議論しないといけないのではないかと思います」

天皇定年制発言はこの前年にもあり、二年続けての秋篠宮発言で、天皇の健康はきわめて深刻な状況にあることを国民が知るところとなった。

平成二四年二月一七日午前、東京大学医学部附属病院に入院。翌一八日、心臓バイパス手術を受けた。

天皇は平成一五年から二四年にかけて、常に体調不良と戦いながら公務を続けてきた。おそらくそれ以前から、何らかの健康問題が発生していたことは確実だが、強《きょう》靭《じん》な克己心と責任感で、その務めを果たしつづけていた。

学友の明石元紹氏はこう話している。

「陛下のご性格を考えると、体力の低下が不甲斐ないと自らにムチを打ち、ご公務されていたのだと思います。陛下は、幼少のころから風邪をひかれやすいご体質で、鍛錬によって克服しつづけたのです」

天皇が毎年一一月の大嘗祭に向け、私室でテレビを見ている間も正座して居住まいをただし、長時間の祭祀に耐える体力を養う努力を続けていることを、渡邉允元侍従長が著書で明かしている。加齢による筋力低下を補うため、足腰を鍛える体操も続けているという。多くの高齢者が健康維持のための運動や体操に取り組むが、天皇は「務めを果たすため」に行っている点で、目的意識には大きな違いがある。

別の学友は、天皇が、常に天皇として生活されていた姿を話した。

「ある晩、両陛下に招かれ御所に伺った。夕食を済ませて来てくれるようにとのことだった。

陛下は、国の予算を友人に割くわけにはいかないというお考えだった。また、ある日は、皇后さまが鍋を用意してくださった。陛下は最初から最後まで鍋には箸をつけなかったのです。『陛下は、熱い食べ物がお召し上がりになれないのですよ』とおっしゃられた。(皇室の料理をつくる)大膳課から運び込まれる食事はどうしても冷めますから、出来立ての熱い食事を口にされたことがないのです」

参与会議での発言

天皇が退位の考えを初めて示したのは、平成二二年七月二二日午後七時、御所内の応接室で開かれた天皇の私的会議「参与会議」の場であった。

夕食時であることから、弁当が用意されていた。

天皇はこの会議で、生前退位という文言ではなく、「譲位」という言葉を使い、皇位継承について諮っている。

参与会議に出席したのは、以下の通りである。

天皇皇后両陛下
羽毛田信吾宮内庁長官
川島裕侍従長
湯浅利夫元宮内庁長官
栗山尚一元外務事務次官
三谷太一郎東大名誉教授

ある宮内庁幹部が参与会議の様子を明かした。

「会議は一瞬、水を打ったように静まり返り、誰しも言葉を失ったようでした。天皇のご発意に、羽毛田長官、川島侍従長は凍りついたように停止していましたし、湯浅氏、栗山氏、三谷氏はあまりの驚きに絶句したようです。皇后陛下は身じろぎもせず一点を見据えておられました。両陛下の間ではすでに、譲位について何度か話し合われていたのだと思います。その時点では美智子さまは、陛下の退位などあってはならないというお考えだったのです」

美智子皇后も含め全員が譲位に反対し、天皇の翻意を促すために摂政制度の活用を進言することになるのだが、天皇は摂政案を拒否した。

「象徴天皇として国民に向き合わなければならない。摂政では、国民統合の象徴天皇の務めが果たせていないのではないのかな」

努めて冷静に、穏やかにそう言ったという。

天皇に求められる仕事と、そのために必要な体力・健康状態をきわめて冷静に考え抜いた末の、ゆるぎない判断だった。その背景には叔父宮の影響があったと天皇に近しい関係者は言うが、それについては後述する。

「科学者」天皇として

平成二八年七月一三日、ＮＨＫ「ニュース７」がこの日のトップニュースとして退位の意向を特報した。

天皇自ら数日をかけて原稿を執筆し、繰り返し推敲を重ねたすえ一八二三文字に凝縮された「おことば」は、平成二八年八月八日、ビデオメッセージの形で公表された。

それは一〇分五八秒にわたる平成の玉音放映であり、現代における天皇の人間宣言であったと筆者は聞いた。

〈戦後七〇年という大きな節目を過ぎ、二年後には、平成三〇年を迎えます。

私も八〇を越え、体力の面などから様々な制約を覚えることもあり、ここ数年、天皇としての自らの歩みを振り返るとともに、この先の自分の在り方や務めにつき、思いを致すようになりました。

本日は、社会の高齢化が進む中、天皇もまた高齢となった場合、どのような在り方が望ましいか、天皇という立場上、現行の皇室制度に具体的に触れることは控えながら、私が個人として、これまでに考えて来たことを話したいと思います。

（略）何年か前のことになりますが、二度の外科手術を受け、加えて高齢による体力の低下を覚えるようになった頃から、これから先、従来のように重い務めを果たすことが困難になった場合、どのように身を処していくことが、国にとり、国民にとり、また、私のあとを歩む皇族にとり良いことであるかにつき、考えるようになりました。既に八〇を越え、幸いに健康であるとは申せ、次第に進む身体の衰えを考慮する時、これまでのように、全身全霊をもって象徴の務めを果たしていくことが、難しくなるのではないかと案じています〉

「おことば」の全文をつぶさに読めば、天皇が考える象徴天皇の定義は、「全身全霊による〝活動〟をもってのみ体現される」と理解することができる。

史上はじめて「象徴天皇」として即位した天皇は、国民統合の象徴として、積極的にその責任を果たす存在として自己規定した。その結果、加齢や体調によってもしそれが不可能になるならば譲位すべきだ、というのが「おことば」によって示された「科学者」天皇の考えである。

二人の叔父宮

天皇が「譲位」を考えるようになったのは、度重なる叔父宮との議論がひとつのきっかけだった、と天皇側近は指摘する。

その叔父宮とは、平成二八年に一〇〇歳の長寿を全うした三笠宮崇仁親王と、昭和六二年に八二歳で薨去した高松宮宣仁親王だというのである。

三笠宮はオリエント史を研究し、歴史学者として皇室の歴史を克明に調べていた。

戦後は、東京女子大をはじめとする多くの大学で講師として教壇に立っている。

三笠宮の皇室研究については、長子・寛仁親王から、赤坂御用地の宮邸で直接、話を聞く機会があった。寛仁親王にはこのとき以外にも、何度か面接に応じていただいた。

「(父・三笠宮は) 右翼に指弾されたときはさすがに困惑した、と話されていたよ。しかし、神話を史実として天皇を崇めるような皇室論を続けていたら、皇室はだんだんに茶化されることになるのではないか、と案じていましたね。万世一系の天皇という見方については考古学的な知見を持って事実関係を厳格に区別しておられたんだよ。科学的に皇室を検証なされていたんだが、そうあるべきだと思うね。神話は神話でしかないのだからね」

「万世一系の天皇」という神話と、実際の皇位継承について「科学的」かつ「厳格に」区別していたという三笠宮の考え方は、天皇に大きな影響を及ぼしたに違いない。「科学者たる」態度は、天皇の言動を理解する重要なキーワードである。

寛仁親王は平成二四年六月六日、六六歳という若さで薨去された。

一方高松宮は、開明的な考えを持つ皇族として知られ民間人との交流にも積極的だった。ある企業の経営者と酒席を持った際、冗談まじりに株価の値下がりに苦言を呈して場を和ませるような皇族であった。銀座のクラブにも足繁く通い、ホステスが、

「どこかで見たことがある！」

そう叫ぶと声を立てて笑い過ごしていたという。

高松宮、三笠宮に共通するのは、高松宮が「国際基督教大学」（ＩＣＵ）の「設立準備委員会名誉総裁」を務め、弟宮の三笠宮は、「公益財団法人中近東文化センター」の名誉総裁を務めるなど、教育・研究機関の設立に尽力した向学に熱心な皇族であったということだ。

天皇側近は、高松宮が考えていた天皇制について言及した。

「高松宮様は、日本の国体護持を望み、『日本は天皇と皇室を上手に使って平和国家を世界に発信していけばよいのだよ』と、軽い調子でびっくりするようなことを話されていました。よくよく考えれば、日本の天皇制は高松宮さまがお話しになられた通

り、日本独自のかけがえのない平和ツールなのかもしれません。それをご承知なさっていたからでしょう、ご自身も国際親善に熱心でした。私は、高松宮さまのお住まいだった高輪御殿のプールで泳いだことがあるんですよ。気さくな宮様でした」

高松宮、三笠宮のお二人は、皇室のあり方を終生にわたり考えつづけ、天皇と議論を重ねていたという。

終戦後、昭和二二年（一九四七年）五月三日に施行された新憲法の制定から象徴天皇は始まった。

憲法第一条には、こう規定されている。

〈天皇は、日本国の象徴であり日本国民統合の象徴であつて、この地位は、主権の存する日本国民の総意に基く〉

新憲法で、国民主権と象徴天皇について触れているのはこの一文だけで、譲位についての規定はない。

憲法第二条には〈皇位は、世襲のものであつて、国会の議決した皇室典範の定めるところにより、これを継承する〉と明文化されているが、では、その皇室典範はどうかといえば、退位についてはどこにも記されていない。

お言葉や会見で折に触れ「憲法に基づいて」と言及する天皇が、この問題に気が付いていないはずはない。史上初の象徴天皇として、そのあり方を後世に示す規範を、自らの行動をもって示したい——そんな野心的な思いが今回の退位と、「おことば」公表に潜んでいる、と私は推測している。


天皇生前退位の意向を受け、安倍晋三内閣は、警察庁出身の杉田和博官房副長官が生前退位に関する特別措置法を起案する責任者となり、有識者会議での意見集約を経て、平成二九年六月九日、参院本会議で自由党を除く与野党全会一致で可決、成立した。

天皇生前退位問題は、一代限りの特別措置法という形で二〇一九年四月末の退位と決した。

平成の象徴天皇として満三〇年を迎えていただくこと、昭和天皇の三十年式年祭は今上天皇に執り行っていただくことなど、政府の内意が宮内庁長官、侍従長を経て天皇に伝えられたが、側近によると、このときの天皇は「無表情で、事務連絡を聞くような素振りだった」という。

天皇は退位した後、仮寓として高輪皇族邸を使用する。元は細川家下屋敷だった場所だが、その後、高輪御殿となり高松宮が長く居を構えた。天皇は、仙洞御所の改修が済むまでの期間、高輪の地で高松宮、三笠宮との意見交換に思いを馳せることになるのかもしれない。

沖縄への思い

生前退位が法的に承認され、退位スケジュールも決まったあと、天皇皇后が強く望まれた行幸啓は沖縄訪問であった。

平成三〇年三月二九日、沖縄県那覇市は、平年気温より二度高い夏日となった。体感はそれよりずっと暑く、地表から蒸気が沸き立つような亜熱帯特有の湿気が満ちていた。

天皇は濃いグレーのダブルのスーツ、皇后は青みがかったやはり淡いグレーのスーツに身を包んでいた。

前日訪問した与那国島では、詰めかけた市民から、

「お身体を大事になさってください」

「お元気で！」

という声がいくども天皇皇后の耳に届いた。

昭和六二年、昭和天皇の名代として訪れた沖縄国体から三〇年を経て、「象徴」としての歩みを積み重ねてきた天皇の思いが、ついに沖縄県民に届いた瞬間ではなかっただろうか。

最後の沖縄訪問を終え、還幸の途に就こうとする天皇皇后は待機中の特別機を前にして三度まで立ち止まり別れを惜しむように振り返った。

後ろ髪を引かれるかのような、異例の行動だった。

天皇は、足の痛みを押して同行した皇后を気遣いながら、努めてゆっくりと歩いた。そして、みたび振り返り、手を振り小さく頭を垂れた。

天皇皇后を衝き動かす沖縄訪問の理由は何だったのか、宮内庁幹部ＯＢが明かした。

「一つは昭和天皇の遺志を引き継がなければならぬという使命感。沖縄は先代が唯一、行幸できなかった地で、『二代（の天皇）をかけて全国行脚を果たさなければならない』、とお考えになられていた。そしてもう一つは、『ただ行けばいい、というものではない、沖縄に対する心痛と敬意が伝わらなければならない』と仰っていた。昭和天皇のご不満にお許しを願う陛下のお気持ちがあったはずです」

即位後、はじめて沖縄を訪問したのは平成五年四月。そのときの天皇の言葉である。

「即位後、早い機会に、沖縄県を訪れたいという念願がかない（略）国立戦没者墓苑に詣で、多くの亡くなった人々をしのび、遺族の深い悲しみに思いを致しています。先の戦争では実に多くの命が失われました。なかでも沖縄県が戦場となり、住民を巻き込む地上戦が行われ、二〇万の人々が犠牲となったことに対し、言葉に尽くせぬものを感じます。ここに、深く哀悼の意を表したいと思います」

天皇は沖縄県民から瓶、石つぶてさえも、甘んじて受けなければならない、それが、「全身全霊をもって務めを果たす」とした、象徴天皇としての責務であると考えていたのではあるまいか。

沖縄訪問は、皇太子時代から数えて実に一一回を数える。

わずかな笑みの意味

天皇皇后は戦後五〇年の節目となる平成七年から、戦没者慰霊の旅を始めている。

平成七年
　八月二日、戦後五〇年にあたり沖縄県訪問
平成九年
　五月三〇日〜六月一三日、ブラジルほか国際親善のため訪問
平成一二年
　五月二〇日〜六月一日、オランダほか国際親善のため訪問
平成一六年
　一月二三日〜二六日、沖縄県　国立劇場おきなわ開場記念公演臨席
平成一七年
　五月七日〜一四日、ノルウェー国際親善のため訪問
　六月二七日〜二八日、戦後六〇年にあたり、サイパン島戦没者慰霊訪問
平成一八年

平成二一年
六月八日～一五日、シンガポール・タイ　シンガポール外交関係樹立四〇周年にあたり、国際親善のため訪問
平成二四年
七月三日～一七日、カナダ・米国ハワイ州国際親善のため訪問
五月一六日～二〇日、英国女王即位六〇周年記念午餐会出席
一一月一七日～二〇日、沖縄県　第三二回全国豊かな海づくり大会臨席
平成二五年
一一月三〇日～一二月六日、インド国際親善のため訪問
平成二六年
六月二六日～二七日、沖縄県　対馬丸犠牲者の慰霊
平成二七年
四月八日～九日、戦後七〇年にあたりパラオ戦没者慰霊訪問
平成二八年
一月二六日～三〇日、フィリピン国交正常化六〇周年に際し国際親善のため訪

問

平成二九年

二月二八日〜三月六日、ベトナム国際親善のため訪問

皇太子時代から、天皇が外遊するたびに出立を見送り、無事の帰国を迎えつづけた二人の民間人がいた。高松宮はその二人に、「毎回、感心だね。ご苦労さま」と声をかけていた。

あるとき、その民間人宅に、手塚英臣侍従次長から電話が入った。

「陛下のお言葉をお伝えいたします。羽田空港までのお見送りは大変ですから、どうか見送りはお気遣いなされぬようにとのことでございます」

電話を受けたのは、学習院中等科から大学まで同窓だった草刈廣氏。天皇は野球部の名投手だった草刈氏の応援に神宮球場にまで足を運んだほど、親しい間柄だった。もう一人は、女子学習院幼稚園から高等科までを過ごし、その後は慶應義塾に進学した明石元紹氏である。以後、二人はお見送りを遠慮するようになる。

しかし、平成二四年の英国エリザベス女王戴冠六〇年記念行事のための渡英に際し

て、このときばかりは何としても見送りにいかねばならないという思いが両氏を衝き動かしていたという。明石氏が言う。

「心臓手術をなさり、退院直後の長距離移動は大変心配で、国のためにありがとうございます、という気持ちをどうしても申し上げたかった」

御所に駆けつけた明石氏は、皇后に向きなおり、陛下をよろしくお守りください、という気持ちを込めて深々と立礼した。草刈氏が言う。

「心臓手術直後でしたので本当に心配でしたものですから、私たち二人は、何としてもお見送りしなければならないという強い気持ちがありました。陛下がまだ幼少のころ、英語教育の家庭教師としてヴァイニング夫人にご教導いただいた。その中に、明石と私がいたことから、陛下とは長くお付き合いをいただくことになったのです。天皇皇后両陛下は、たくさんのお役人に囲まれているわけですが、一番最後に、私たちがご挨拶すると、それまでの緊張した表情がほんの少し和らいだようにお見受けしました」

美智子皇后は真剣な眼差しで両氏を見つめ、長年の学友に対し答礼した。

天皇を思う二人の気持ちは、皇后に十分に伝わったと思われる。皇后もまた、天皇を支え、何としても無事に帰国していただかなければならないという使命感があったという。

美智子皇后はこのとき、随行する医療チームを拡充し、現地にも循環器の権威を待機させるよう指示していた。

天皇は象徴天皇としてのありようについて模索しつづけたが、その本意は、美智子皇后、そして長年の学友らの深い理解によって支えられている。天皇として孤立し、屹立《きつりつ》するのではなく、こうした人びとに支えられていたことも、明仁天皇の歩みを特徴づける重要な一面である。

五月晴れに恵まれた平成三〇年五月二九日、皇居東御苑の埒馬場《らちばば》で、宮中古来の伝統競技「打毬《だきゅう》」が宮内庁車馬課主馬班によって披露された。紅白に分かれて毬を追うこの古式馬術競技は、ヨーロッパのポロとその起源を一にする。

馬場には白いテントが設営され、皇太子、天皇・皇后、秋篠宮夫妻の順に並んで座った。皇族のほか、旧皇族、旧華族、宮内庁幹部など皇室にゆかりの深い関係者も数多く招かれていた。平成二七年に両陛下の傘寿記念として催されて以来三年ぶり、平成最後となる「打毬」開催には、天皇から各関係者へのねぎらいと、惜別の思いが込められていたのだろう。

およそ二時間にわたる競技が終わると、天皇皇后が埒馬場を後にし、皇太子、秋篠宮夫妻ほか皇族方は、じっと黙礼したまま、その姿を見送った。

つづいて退出する皇太子を、秋篠宮夫妻ほかの皇族方が見送る。

「天皇家の厳格な序列と継承を目の当たりにする思いだった」と出席者のひとりは述懐した。

【著者略歴】

佐藤正宏（さとう・まさひろ）
昭和16年、東京生まれ。東京大学経済学部卒業後、東京銀行（現・三菱ＵＦＪ銀行）に入行、パリ支店次長、ブリュッセル支店長を歴任。平成7年宮内庁侍従を拝命、平成20年侍従次長を拝命。平成24年6月退官、同年9月より明治神宮国際神道文化研究所所長。

明石元紹（あかし・もとつぐ）
昭和9年、東京生まれ。女子学習院幼稚園時代から明仁親王の遊び相手となり、学習院初等科、中等科で同窓。高等科馬術部ではチームメートとなる。慶應義塾大学卒業後、プリンス自動車工業（のちに日産自動車と合併）入社。著書に『今上天皇　つくらざる尊厳　級友が綴る明仁親王』（講談社）などがある。

岩井克己（いわい・かつみ）
昭和22年生まれ。慶應義塾大学経済学部卒業後、朝日新聞記者となる。長年、皇室取材を担当し、平成6～24年まで編集委員、現在は皇室担当特別嘱託。「紀宮さま、婚約内定」の特報で平成17年度新聞協会賞受賞。著書に『宮中取材余話　皇室の風』（講談社）などがある。

檀　ふみ（だん・ふみ）
女優。「日本の面影」「蔵」「花燃ゆ」「山桜」など国内のドラマ、映画に数多く出演する一方で、NHKと英BBC、米KCETとの共同制作ドラマや、オーストラリアでの舞台にも参加。司会を務めた「N響アワー」「新日曜美術館」では、クラシック音楽や美術の楽しさを、「日めくり万葉集」では古典の素晴らしさを伝えてきた。また、エッセイも好評で、『ああ言えばこう食う』（集英社、阿川佐和子氏との共著）はベストセラーとなり、第15回講談社エッセイ賞を受賞している。他に『父の縁側、私の書斎』（新潮社）『檀流きもの巡礼《たび》』（世界文化社）など、著書多数。

白石都志雄（しらいし・としお）

昭和35年、東京生まれ。学習院大学法学部卒。学習院輔仁会音楽部で浩宮徳仁親王の知己を得る。金融機関勤務のかたわら、アマチュアオーケストラ「俊友会管弦楽団」でチェロ奏者、運営委員長を務める。

江森敬治（えもり・けいじ）

昭和31年、埼玉生まれ。早稲田大学卒業後、毎日新聞社に入社。京都支局、東京本社社会部宮内庁担当などを経て編集委員。著書に『秋篠宮さま』（毎日新聞社）、『美智子さまの気品』（主婦と生活社）、『銀時計の特攻―陸軍大尉若杉是俊の幼年学校魂』（文春新書）などがある。

近重幸哉（ちかしげ・ゆきや）

昭和36年、広島生まれ。昭和63年に女性自身記者となり、皇室を担当。テレビのコメンテーターとしても活躍する。著書に『生まれてきてくれてありがとう　愛子さまの二年間』（朝日出版社）、『明仁天皇の言葉　平成の取材現場から読み解く「お気持ち」』（祥伝社）がある。

橋本　隆（はしもと・たかし）

昭和34年、神奈川生まれ。業界紙編集記者を経て週刊現代記者。宏池会を中心に自民党各派、野党を幅広く取材。東京地検特捜部、官房機密費など、事件、エネルギー問題、皇室などのテーマにも取り組む。近年は安倍昭恵首相夫人の単独インタビューを手がけたほか、森友・加計問題報道に先鞭をつけた。

天皇交代《てんのうこうたい》　平成皇室《へいせいこうしつ》８つの秘話《ひわ》

2018年11月20日　第１刷発行

著　者　佐藤正宏《さとうまさひろ》、明石元紹《あかしもとつぐ》、岩井克己《いわいかつみ》、檀《だん》ふみ、
白石都志雄《しらいしとしお》、江森敬治《えもりけいじ》、近重幸哉《ちかしげゆきや》、橋本隆《はしもとたかし》

発行者　渡瀬昌彦

発行所　株式会社講談社

東京都文京区音羽2-12-21　〒112-8001
電話　編集　03-5395-3522
　　　販売　03-5395-4415
　　　業務　03-5395-3615

印刷所　慶昌堂印刷株式会社

製本所　株式会社国宝社

本文データ制作　講談社デジタル製作

ISBN978-4-06-513729-1　N.D.C.302　215p　19cm